MMCA HYUNDAI SERIES 2020

NDAI   MOTOR

21

문경원

MOON
JEON

& 전준호

KYUNGWO

JOONHO

리지에서 온 소

NEWS FROM
NOWHERE

식

자유의

FREEDO

VILLAGE

마을

M

E

내비게이션에 "찾을 수 없는 지역"으로 표시되는
자유의 마을은 여전히 냉전시대의 욕망과 부조리를
반영하며, 그 모습을 감춘 채 내부이자 외부로
존재하고 있다. 1953년 한국전쟁 정전 협정이 체결된
이후부터 지금까지, 이곳은 군사적으로 중요한
위치에 있다는 이유로 여러 제약을 받아왔다. 한국
영토 내에 있으면서도 한국 정부 대신 UN의 통제를
받는 이곳 주민들은 납세와 국방의 의무를 지지
않지만, 매일 밤 점호를 받고 남성은 32세가 되면
이곳에서 계속 살지 떠날지를 정해야 한다. 외부인은
UN 사령부의 허락 없이 이 지역에 접근할 수 없다.
접경 지역의 토지는 각종 규제에 묶여 개발이
제한되고 주민들은 사유 재산을 마음대로 처분할 수
없다. 집이 낡아도 마음대로 고칠 수 없고 도로조차
놓지 못한다. 그렇게 외부와 완전히 단절된 채 시간이
멈춰버린 "자유의" 마을, 아직도 200여 명의 주민이
눈앞에 북한 땅을 마주하고 살아가는 이곳은 여전히
"찾을 수 없는 지역"으로 베일에 싸여 있다.

Search for Freedom Village
and the result
Reflecting the greed and irrat
Cold War era, the village rem
a place that is both inside an
Korea. From the signing of th
armistice agreement in 1953
has been subject to various
to the military importance of
Though located within South
it is controlled by the UN. Its
tax-free status and are exem
service, but are subject to a
and, upon reaching the age
whether they will stay in the
Outsiders cannot access the
permission from the United N
The border zone is tied up by
regulations that prevent deve
the villagers cannot sell thei
property at will. When their
they do not have the freedom
are not even allowed to buil
off from the outside world an
a standstill, live some 200 v
face with North Korean terri
in the obscurity of their "des
status.

It is commonly hea
goblin. There are
after seeing a blue
wandering alone in
own. Grandmothers
people standing alk

At the center of the village is a military office where armed soldiers guard 365 days for the safety and relief of the past month. They guard forming activities of outsiders and sentinels entering the village, as well as administration for resignator safety and health activities for simple sanitation for single medical checkups and examination. You must report here to enter the Freedom Village. This is an area where photography is prohibited.

The oldest building in the village is the Freedom House located near the low hillside settlement in the west of the village. The view is not very pleasant now due to thick trees, but when it was built in 1953, the scenery overlooking the entire village was a nice place. Before the establishment of the new village hall, it was used as a gathering place for residents of the village. Almost all village events were held here, including elementary school graduation ceremonies and the delivery ceremony of consolation goods sent to the village every holiday. In terms of architectural design, it can be categorized as a typical modernist style.

: 망각,

소"

스템의

으로,

갈 수 없는

의 마을'을

용된다.

을

리고

려운

려낸다.

마을을

을 명확히

아보는

"An archive of the history of human
greed, recurring oblivion,
cover-ups and dissemblance"

Freedom Village contains the contradictions of
political ideology and systems and the errors
of humanity. It is home to things that cannot
be explained within the scope of human-made
symbols and language.

In this archive, records of Freedom Village,
a place we know exists but which we cannot
reach, are reprocessed through the
imaginations and reinterpretations of the
artists. The photographs, videos and texts
reinterpreting the history and past events of
the village as held in the National Archive
of Korea through the artists' imaginations
hover between truth and fiction, adding
yet more fabricated elements to scarcely-
believable facts and beings. Finally, these
fictional records move beyond Freedom
Village, throwing into clear relief the global
contradictions that riddle human history and
proposing calm awareness and introspection
regarding our current condition.

Original photo of the Armistice
Agreement
The Korean Armistice Agreement
was signed in 1953, three years
after the start

It's impossible for ordinary people
visit this town unless there is a spe
reason. Only relatives or immedi
family members are allowed in
permission from the UN.

마을 북동쪽으로 약 1km 지점에
판문점이 위치하고 있고, 마을로부터

유일한 교육시설로 대성동초등학교가
있다. 대성동초등학교는 6·25전쟁 이후
1954년 주민 자치로 운영되다 1968년 5
월8일에 대성동국민학교로 인가,
개교하였다. 1967년 첫 번째로 졸업식이
거행되었고, 지금까지(2014년 2월) 총 46
회의 졸업식을 거치면서 많은 학생들을
배출하였다. 2014년에는 KT의 지원으로
'기가쿨' 개관식을 진행하였으며,
스마트 교실인 '기가클래스(GIGAclass)'

풍경이 주민들의 삶의 터전이라기보다는
그들의 고투와 성취의 사건들을 가리는
커튼처럼 느껴진다. 주민들과 함께 그 커튼에
가려진 이들에게 두드러진 지표는 그저
지리적이기만 한 것이 아니라 전기적이고
개인적인 것이기도 하다. — 존 버거

예술의 가치는(혁명적 의미는) 그 의미가 계속해서
발견과 해방을 기다리고 있다는 점을 보여주는
것이다.

ARTICLE V

MISCELLANEOUS

Original photo of the Armistice
Agreement
The Korean Armistice Agreement
was signed in 1953, three years
after the start of the Korean War
in 1953.

자유의 마을은 장단에서 개성으로 가는
길에 위치한 주요 교통거점이어서
개성으로의 왕래가 용이하였다. 개성은
한나절이면 걸어서 갈 수 있는 가까운
거리에 위치해있었고 마을의

If he or she does not reside in
Daesung dong for at least eight months
of the year, he or she shall be deprived of
his or her resident rights.

The number of residents in Daesung-dong Village has not changed much for 60 years because of the difficulty in earning res...

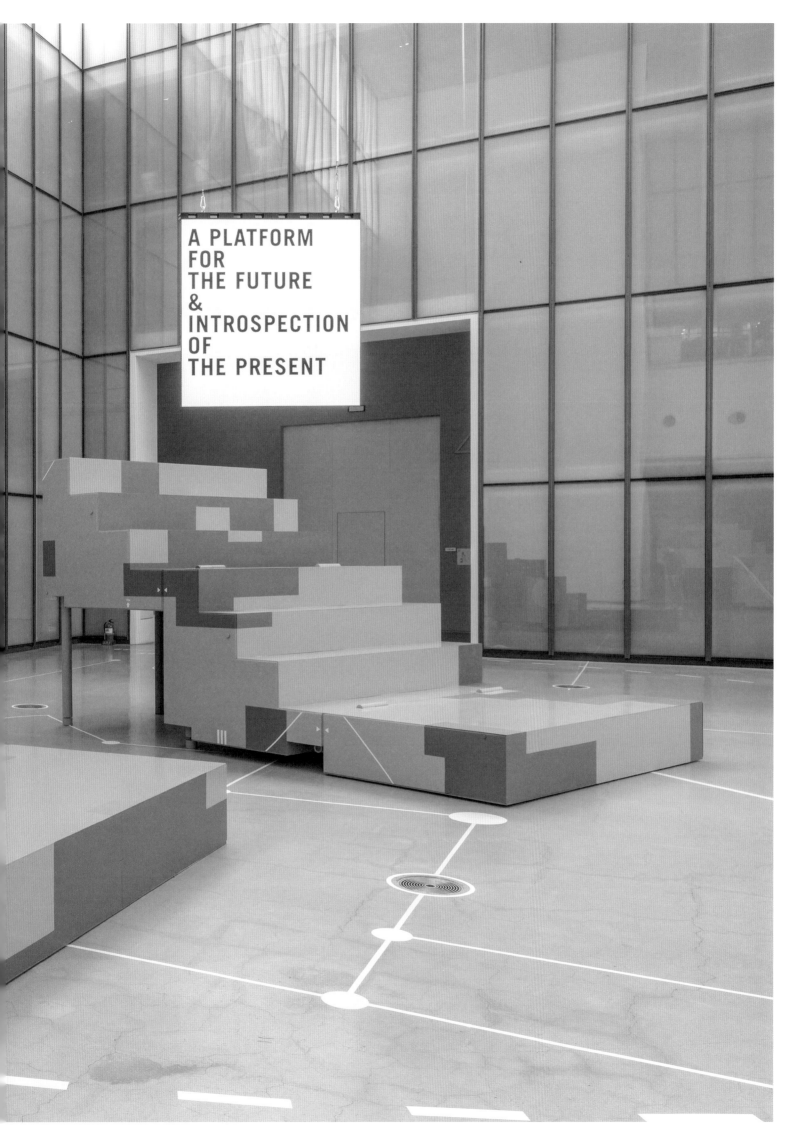

A PLATFORM
FOR
THE FUTURE
&
INTROSPECTION
OF
THE PRESENT

MMCA 현대차 시리즈 2021:
문경원 & 전준호 — 미지에서 온 소식, 자유의 마을

국립현대미술관은 «MMCA 현대차 시리즈 2021: 문경원 & 전준호 — 미지에서 온 소식, 자유의 마을»을 개최합니다. 'MMCA 현대차 시리즈'는 국립현대미술관이 현대자동차의 후원으로 매년 1인(팀)의 중진 작가를 지원하는 장기 협력 프로젝트입니다. 그동안 MMCA 현대차 시리즈는 작가로 하여금 새로운 전환점을 모색하는 발판이 될 수 있도록 노력했습니다.

‹미지에서 온 소식›은 2012년부터 시작된 문경원 & 전준호 작가의 장기 프로젝트로 제13회 카셀 도쿠멘타에서 처음 선보인 이후, 같은 해 국립현대미술관 «올해의 작가상 2012»에도 출품되어 최종 수상 작가로 선정된 바 있습니다. 이 프로젝트는 이후 2013년 시카고 예술대학 설리번 갤러리, 2015년 스위스 취리히의 미그로스 현대미술관, 2018년 영국 테이트 리버풀 전시 등으로 이어지며 점차 확장되고 있습니다.

올해 새롭게 선보이는 «MMCA 현대차 시리즈 2021: 문경원 & 전준호 — 미지에서 온 소식, 자유의 마을»은 이 장기 프로젝트의 새로운 장으로서, 비무장지대(DMZ)에 위치한 대성동 자유의 마을을 배경으로 재난 이후 인간의 삶과 예술의 역할에 대한 내용을 다루고 있습니다. 이번 전시는 영상 설치 작품, 대형 회화, 다학제적 연구 및 워크숍 등 다채롭게 이루어집니다. 이와 같은 프로젝트를 통해 대성동 자유의 마을은 특수한 정치적 상황이라는 이데올로기적 시각에서 벗어나 우리를 둘러싼 세계의 불합리성과 모순을 자각하고 공동체 의식을 환기시키는 상징적 장소로 거듭납니다.

국립현대미술관과 현대자동차는 앞으로도 한국 현대 미술 발전에 큰 힘이 되도록 노력할 것입니다. 이번 전시를 위해 최선을 다해 준 참여 작가와 우리 미술관 가족 여러분, 그리고 후원을 아끼지 않은 현대자동차에 깊은 감사의 말씀을 전합니다.

발간사
윤범모
국립현대미술관장

발간사
윤범모

인류가 공동의 위기 속에서 그 어느 때보다 도전과 변화를 모색해야 하는 불확정성의 시대를 살고 있습니다. 긴 기다림에도 불구하고 현재 진행형인 위기에 직면하며 정치·경제 시스템, 인류 건강 및 환경 사이의 깊은 연관성을 실감했습니다. 전례 없는 위기는 전례 없는 대응을 요합니다. 팬데믹에 대한 단순 대응이 아닌 지속 가능한 환경을 위한 더 폭넓고 탄력적인 실천이 요구되고 있습니다. 이런 관점에서 «MMCA 현대차 시리즈 2021: 문경원 & 전준호 — 미지에서 온 소식, 자유의 마을»은 더 나은 미래를 위한 중요한 질문을 던집니다.

‹미지에서 온 소식: 자유의 마을›의 배경인 비무장지대 내 마을은 역사적 갈등과 대립의 흔적이지만 출입 통제 및 개발 제한으로 인해 생물 다양성 보전이라는 생태적 가치를 지니고 있습니다. 식물을 채집하고 관찰하는 작품 속 두 주인공의 모습은 갈등과 대립 너머 소통에 기반한 지속 가능성에 대한 작가적 고민이 반영된 것이라 생각됩니다. 이번 위기처럼 인류는 지금 살고 있는 혹은 앞으로 살게 될 마을과 그 안에서 추구해야 할 가치와 공존에 대해 끊임없는 도전을 받게 될 것이고, 더 늦기 전에 보다 포괄적이고 지속 가능한 회복을 위한 변화를 준비해야 할 것입니다.

«MMCA 현대차 시리즈 2021: 문경원 & 전준호 — 미지에서 온 소식, 자유의 마을»은 우리에게 과거를 돌아보고 현재를 점검하며 다른 미래에 대한 진지한 반성의 시간을 가질 수 있도록 합니다. 2012년 카셀과 서울을 시작으로 지난 10여 년간 시카고, 취리히, 리버풀 등 전 세계 지역 커뮤니티와 연계해 다양한 ‹미지에서 온 소식›을 전해 온 두 작가가, 이번 전시를 통해 2021년 다시 서울 그리고 이어질 다른 도시에서 전하게 될 깊은 울림을 기대해 봅니다. ‹미지에서 온 소식›을 통한 작가들의 지속적인 탐구는 인류를 위한 진보에 한 걸음 더 다가갈 수 있는 계기를 마련할 것입니다.

인사말
정의선
현대자동차그룹 회장

인사말
정의선

문경원, 전준호 작가와 2015년 베니스 비엔날레 한국관의 «축지법과 비행술» 전시 파트너십을 통해 시작된 여정이 «MMCA 현대차 시리즈 2021: 문경원 & 전준호 — 미지에서 온 소식, 자유의 마을»로 이어지게 되어 더욱 기쁘게 생각합니다. 변수가 반복되는 어려운 상황 속에서 의미 있는 전시가 개최될 수 있도록 수고를 아끼지 않은 문경원, 전준호 두 작가와 윤범모 관장, 박주원 학예연구사를 비롯한 미술관 관계자 여러분 모두 감사합니다.

인사말
정의선

이번 MMCA 현대차 시리즈 2021을 통해 문경원 & 전준호가 선보이는 전시 《미지에서 온 소식, 자유의 마을》은 2012년부터 시작된 장기 프로젝트 ‹미지에서 온 소식›의 새로운 장이다. 19세기 후반 영국의 미술공예운동을 이끈 사상가이자 소설가, 윌리엄 모리스의 동명 소설에서 영감을 받은 이 프로젝트는, 급변하는 사회 속 '예술의 역할은 무엇인가?'라는 근원적 질문을 던진다. 이 장기 프로젝트를 통해 문경원과 전준호는 자본주의의 모순, 세계 곳곳에 산재하는 비극의 역사와 기후 위기와 같은 문제들을 영상, 설치, 아카이브, 다학제적 연구 및 워크숍, 출판물 등으로 제기해 왔다. 1890년 영국에서 발표된 『미지에서 온 소식』(News from Nowhere)에서 윌리엄 모리스는 200년 뒤 미래 유토피아를 여행하며 현재를 바라보고, 꿈속 유토피아는 그가 현실에서 가지고 있던 비판 의식을 반영한다. 문경원과 전준호 역시, 이와 같은 방식으로 미래를 현재의 상징적 반영으로서 탐색하지만, 그들이 그려 내는 세계는 현재와 미래가 모호하게 혼재하며 오늘날 삶에 내재한 오류들과 그에 대한 비판 의식을 실감하게 만든다.

　"모든 미래 지향적인 설정은 단지 미래에 대한 진단이나 이슈가 목적이 아니라 현 시점의 다양한 어젠다를 논의하기 위한 설정이고, 예술의 실천적 역할 즉 현재의 사회, 세계 속에서 어떤 비전을 가져야 하는지 반성하기 위한 접근 시각이다"(1)라는 작가의 말처럼 이들은 ‹미지에서 온 소식›을 통해 앞으로의 미래를 상상하기보다는 현실에 집중하고, 현재를 보다 비판적으로 바라볼 것을 제안한다. 더불어 이 프로젝트는 전시라는 시각적 결과물을 넘어 건축, 경제, 사회 그리고 과학계 석학과의 교류를 통해 현재를 인식하기 위한 보다 확장적인 플랫폼 역할을 하고자 한다.

　‹미지에서 온 소식›의 새로운 장소인 대성동 자유의 마을은 한국의 특수한 정치적 상황을 넘어 인류의 대립과 갈등의 역사를 상징하

(1) 「디자인 엔지니어링 방법론: 디자인 그룹 타크람 워크숍 개최」, 작가 웹 사이트, 2011년 8월, https://moonandjeon.com/newsletter-10.

미지에서 온 소식:
자유의 마을
박주원
국립현대미술관 학예연구사

윌리엄 모리스, 『미지에서 온 소식』
(런던: 켈름스콧, 1892년) 머릿그림.

63

는 이상한 장소이다. 판문점 공동 경비 구역 서남쪽 남측 비무장지대 내, 유일한 민간인 거주지인 이 마을은 내비게이션에서 "찾을 수 없는 지역"으로 표시된다. 원래는 대성동이라 불렸던 이 작은 마을은 1953년 7월 27일 체결된 한국 전쟁 정전협정 규정에 따라 8월 3일, 군사정전 위원회로부터 '자유의 마을'이라는 새로운 이름을 부여받았다.

지금도 현존하는 대성동 자유의 마을은 한국 영토에 있으면서도 한국 정부 대신 UN의 통제를 받는다. 이곳 주민들은 한국 정부에 대한 국방이나 납세의 의무가 없고, 외부인의 유입도 철저히 제한된다. 70년 가까운 세월 동안 외부와 단절된 채 시간이 멈춰 버린 마을, 이곳에는 지금 49가구 200여 명의 주민이 눈앞에 북한 땅을 마주하고 여전히 찾을 수 없는 지역으로 존재한다.

조선 시대 옛 지도에도 표기되어 있을 만큼 오래된 역사를 가진 대성동 마을은 전형적인 농촌 마을이었다. 하지만 남북이 분단되고 이후 한국 전쟁이 발발하면서 대성동 마을은 큰 변화를 겪게 된다. 1950년 한국 전쟁 발발과 함께 1951년 10월 정전 회담이 판문점에서 열리게 되었고 판문점 인근에 위치한 남쪽의 대성동 마을과 북쪽의 기정동 마을은 전투 지역에서 제외되었다. 이를 계기로 이 두 마을은 한반도 비무장지대 내에 위치한 남북한 각각의 유일한 민간인 거주지가 되었고, 이후 아이러니하게도 대성동 마을은 자유의 마을, 그리고 기정동 마을은 평화의 마을로 불리게 되었다. 대성동 마을은 1970년대 현대화된 농촌 마을로 거듭나게 되었는데, 이러한 대규모 종합 개발의 배경에는 당시 경제 성장과 함께 남북한이 체제 경쟁에 열을 올리던 시대적 상황이 반영되었다.

북한 기정동 평화의 마을과 마찬가지로 남한 대성동 자유의 마을 개발 역시 북한을 향해 남한의 우월함을 선전하기 위한 목적으로 진행되었는데, 이는 1971년 문화공보부에서 작성한 「자유의 마을(대성동)에 대한 특수활동계획(안)」에서 극명하게 드러난다. 이 문서에서 남한 정부는 "휴전선 완충 지대에 있는 대성동 맞은편 북괴의 '평화촌'에서 주로 감행하는 대남 선전에 주민들이 현혹되지 않도록 반공 사상 앙양, 정부에 대한 신뢰감 상승, 동시에 북괴보다 월등히 앞

64

서가는 한국의 이미지를 부각시킴으로써 애국관을 고취하고, 북한 주민들로 하여금 자유 대한을 동경케 하고, 공산주의 사회 체제보다 자유 민주주의 제도의 우월성을 과시하도록 한다는 데 두고 있다"고 그 목적을 밝힌다.(2) 더불어 이에 대한 방침으로 "정치, 경제, 사회, 문화 등의 각 분야별로 북괴를 능가하는 자유 대한의 우월성을 과시하기 위해 마을에 대한 막대한 예산을 투입 지원한다"고 말한다.(3) 하지만 이 특수 활동 계획은 당시 개발의 당사자였던 대성동 주민들의 의사나 요구 사항과는 관계없이 일방적으로 추진되었는데, 멀리서도 잘 보이도록 높은 지대에 2층 주택을 건설하거나, 국기 게양대를 더 높게 재설치해 12×16미터의 특수 대형 국기를 게양하는 등 북한과의 경쟁 구도로 진행된 것이었다.(4) 이러한 경쟁 속에서 대성동 마을의 지형은 오랜 역사를 뒤로한 채 급격하게 변화했고, 주민들의 삶 역시 자유로운 이동의 제한을 받으며 지난날과는 완전히 다른 모습을 띠게 되었다. 그리고 이러한 변화는 마을의 시각적 지형도뿐만 아니라, 역사와 풍습, 정신문화에까지 단기간 커다란 영향을 미쳤다.

2019년부터 시작된 팬데믹으로 수많은 단절을 겪고 있는 2021년 현재, 이데올로기의 대립으로 오랜 시간 존재하지만 존재하지 않는 마을로 고립된 자유의 마을은 어딘가 지금 우리의 모습과 닮아 있다. 이러한 위기 속 변화는 더 이상 과거에 있지 않으며, 매일 아침 마스크를 챙기는 우리의 현재와 함께 살고 있다. 팬데믹을 겪으며 우리는 다시금 재난과 위기가 초국가적 문제라는 것을 분명히 깨닫게 되었다. 그러므로 지금 이 위기를 근본적으로 살펴보기 위해서는 전쟁,

(2) 문화공보부, 「자유의 마을(대성동)에 대한 특수활동계획(안)」, 1971년 12월. 경기문화재연구원 엮음, 『(다시 고향 마을로 돌아온 사람들) 경기도 DMZ 자유의 마을 대성동: DMZ 파주 대성동마을 문화 자원 조사』(수원: 경기문화재연구원, 2014년), 114–115에서 재인용.
(3) 같은 곳에서 재인용.
(4) 같은 책 120-123 참조.

미지에서 온 소식: 자유의 마을
박주원

학살, 혁명, 테러, 쓰나미, 전염병이라는 이름으로 나타난 과거 역사적 폭력들을 다시금 소환할 필요가 있다. 지속적으로 반복, 변주하는 이 세계적 위기들은 비단 이 대성동 마을에만 존재하는 것이 아니다.

"나는 특수성으로 내 시대를 깨닫고 보편성으로 역사를 만난다. 그러므로 내 시대는 시대정신의 단일성을 뛰어넘고자 한다. 요컨대 나는 한국 현대사를 사는 것 이상으로 통사(通史)로서의 세계사적인 삶을 내 역사 공간으로 확장하고자 한다"(5)고 말한 시인 고은과의 인터뷰에서 우리는 대성동 자유의 마을을 바라보는 문경원 & 전준호의 위치를 찾아볼 수 있다.

이번 전시는 크게 2채널 영상, 아카이브, 대형 회화 그리고 전시 연계 워크숍 진행을 위한 모바일 플랫폼으로 구성되는데, 그중 가장 주요한 요소가 되는 2채널 영상은 두 개의 스크린이 등을 마주하는 형태로 설치되었다.『미지에서 온 소식』(1890)에서 윌리엄 모리스가 꿈에서 방문한 미래 영국의 모습을 그려 그가 살았던 사회 현실을 비판했다면, 이 영상은 자유의 마을을 방문했던 한 인물의 기억을 좇는다. 그것이 과연 꿈인지 아니면 실재인지 알 수 없지만, 영상은 과거와 미래를 넘나들며 사상과 제도의 모순이 빚어 낸 기형적 세계를 그린다. 자유의 마을을 방문한 이 인물의 기억 속에는 자유의 마을에서 태어나 단 한 번도 바깥세상에 나가 본 적이 없는 32세의 남성 A와, 역시 자신의 주거 공간에서 한 발짝도 밖에 나가 본 적이 없는 20대 초반의 남성 B가 각각 등장한다. 그리고 어느 날 B가 사는 곳에 A가 채집한 식물 도감이 들어 있는 비닐 풍선이 도착하면서 이야기가 시작된다. 이 이야기는 영상을 넘어, 이번 전시를 위해 새롭게 그려진 대형 풍경화를 통로 삼아 현실로 확장되고, 모바일 아고라라 불리는 플랫폼을 통해 다양한 분야의 전문가들을 초대한다. 전시를 위해 초대된 각 분야의 전문가들은 지금 우리가 겪고 있는 이 위기의 근본적 원인을 탐색하고, 가능한 대안적 미래를 함께 그려 본다. 그리고 전시

(5) 고은,「꽃과 투쟁 II: 고은과의 인터뷰」,『미지에서 온 소식』 (서울: 워크룸 프레스, 2012년), 256.

66

는 다시금 ‹미지에서 온 소식› 프로젝트가 시작된 근원적 질문으로 돌아가 급변하는 사회 속 ‘예술의 역할은 무엇인가?’를 묻는다. 그리고 이에 대해 작가는 "예술과 예술가에게 새로운 사회를 만들 책임이 있는 것은 아니지만, 예술은 사회가 어떻게 흘러가는지 전망하고 전달할 수 있어야 한다. 예술은 서로 다른 영역과 관계를 맺으면서 새로운 역할을 끊임없이 스스로에게 부여한다. 작은 것으로부터 시작해 실현 가능한 의제를 만들고 결과를 중요시하기보다는 과정을 중요시한다"고 말한다.(6)

　　이러한 관점에서 우리가 다시금 바라보는 대성동 자유의 마을은 단지 이데올로기의 대립이라는 정치적 해석을 넘어 현재 우리가 서 있는 이 현실을 향한다. 지금 우리는 팬데믹이라는 위기 이후, 새롭게 만나게 되는 국면들에 대해 이야기하지만 마스크를 쓰고 생활한다는 변화된 행동 양식을 떠나, 과연 ‘팬데믹 이후 우리 사회에 등장한 새로운 어떤 개념들이 정말 이전에는 없던 것인가?’라는 의문을 갖는다. 사실 위기와 고립 상황에서 우리가 목도하게 된 사회, 경제적 격차의 문제, 혐오와 분리, 제도의 오류는 전혀 새로운 것이 아니라, 이미 그리고 언제나 존재하던 것이었다. 위기의 순간이 오자 이러한 문제들은 더욱 명확하고 노골적으로 드러났을 뿐, 오랜 역사에서 수없이 반복되어 왔다.

　　역사의 발전이라는 이름으로 인류가 세워 놓은 안전장치들 역시 이러한 위기 상황에서는 그 선이 점차 불분명해지고 이것은 유행병을 넘어 또 다른 위협들로 나타났다. 팬데믹 선언 후, 우리는 혼란과 위기 안에서의 경쟁이란, 사회 계급 간 불균형을 더 극대화할 뿐만 아니라, 견고히 구성한 제도 역시 너무나 취약한 허상일 뿐임을 다시금 깨닫게 되었다. 사실 이러한 분열과 불균형은 전혀 새로운 무엇이기보다, 이전에는 무시하거나 크게 고려하지 않았던 가치들에 관한 것일 것이다. 지금의 위기를 통해 우리는 오히려 잊고 있던 그 가치가 무엇

(6) 「동짓달의 초대: 시대의 밤, 그리고 새로운 아침」, 작가 웹 사이트, 2011년 12월, https://moonandjeon.com/newsletter-12.

인지, 지금까지 부여했던 가치의 우선순위를 어떻게 재정립할 수 있을지, 더 명확히 바라보고 고민할 기회를 가지게 되었다. 이 위기 안에서 예술은 무엇을 할 수 있을까? 문경원과 전준호는 그들의 장기 프로젝트 〈미지에서 온 소식〉을 이끌며 "예술은 인간 인식의 변화를 위한 기획"이라 말한 바 있다. 어떠한 제도나 구조에 비해, 예술은 비교적 유연하며 상황에 빠르게 반응할 수 있는 창의적 수단이다. 그리고 이러한 수단을 통해 우리는 세계를 마주하는 여러 가지 다른 접근법들을 실험할 수 있고, 미처 예측하지 못한 이야기들을 전달하며 사회에 활력을 불어넣을 수 있다고 믿는다. 때문에 예술은 사람의 행동을 통제하거나 즉각적으로 변화시키기보다, 간접적이고 느리지만 끊임없는 사고의 전환을 향해 간다.

미지에서 온 소식: 자유의 마을
박주원

2012년 카셀 도쿠멘타에서 처음 선보인 ‹미지에서 온 소식›은 현재까지 시카고, 취리히, 리버풀 등 여러 도시에서 진행되었습니다. 동일한 주제 의식 아래 위성 프로젝트처럼 장소를 옮겨 다니며 진행된 이유는 무엇입니까?

인터뷰
2021년 4월 14일
국립현대미술관 서울
질의자: 박주원
(국립현대미술관 학예연구사)

전준호 ‹미지에서 온 소식›은 다양한 사람들이 모여 예술에 대한 자신의 생각을 표현하고, 경험을 공유하고, 연대를 통해 현재를 성찰하고 미래를 전망하는 프로젝트입니다. 이 ‘다양성’에는 분야는 물론 각 나라와 도시가 처한 지역적, 역사적 특수성이 포함됩니다. 각자의 위치에서 세계를 바라보는 시선들이 어떻게 다르거나 같은지, 그것들이 엮여 어떤 논의와 함의를 이끌어낼 수 있는지 질문하는 것은 이 프로젝트에서 중요한 부분입니다.

문경원 ‹미지에서 온 소식›은 처음부터 질문에서 출발한 프로젝트입니다. 답을 제시하는 것이 아닌 질문을 던지는 플랫폼으로 시작했기 때문에 카셀 도쿠멘타 이후 다른 나라와 도시로 그 질문들이 이어진 것은 자연스러운 일이었습니다.

지난 프로젝트에서 각 지역의 특성은 어떻게 반영되었나요? 어떤 변화가 있었고 그 안에서 발견되는 공통점은 무엇인지 궁금합니다.

문경원 가장 먼저 제안이 온 곳은 시카고 예술대학이었습니다. 시카고는 일찍이 19세기 말 영국의 미술공예운동을 진보적, 미학적으로 수용한 전통을 지니고 있으며, 1937년 라슬로 모호이너지가 바우하우스의 정신을 이은 학교를 설립했던 도시이기도 합니다. 우리를 초청한 메리 제인 제이컵 역시 도시의 공공성이 주 관심사여서 예술의 역할을 묻는 우리 프로젝트를 발전, 확장시키기에 적합한 곳이었습니다. 그녀는 ‹미지에서 온 소식›이 내건 의제를 한 학기 프로그램으로 채택하고 프레젠테이션을 통해 시카고 예술대학의 모든 학과를 대상으로 참여를 원하는 사람들을 초대했습니다. 그저 전시를 개막하고 끝나는 것이 아니라 현지인이 주체가 되어 세미나를 열고, 아카이빙을 하고, 새로운 작업을 이어 나갔지요. 결과적으로 6개월이 넘는 기간 동안 전시는 계속 변하고 확장해 나가며 다양한 사람들이 사유를 교류하는 장소가 되었습니다.

전준호 시카고와 마찬가지로 취리히와 리버풀에서도 각 도시의 장소성에 맞춰 프로젝트가 확장해 나가는 경험을 했습니다. 반면 공통적으로 느껴지는 바도 있었습니다. 생각보다 사람들이 예술에 거는 기대가 크다는 점입니다. 저마다 처한 맥락을 떠나 현재의 정답 없는 상황에서 예술이 하나의 돌파구를 여는 단초가 될 수 있으리란 공감대가 느껴졌습니다. 어쩌면 예술이 쓸모없기 때문에, 저 쓸모없는 걸 왜 할까 의문을 갖고, 저 쓸모없음을 어떻게 할지 고민하는 와중에 어떤 답을 만나지 않을까 기대하는 듯합니다. 그것이 당장의 현실을 바꿀 수는 없을지라도, 현재에 비판적일수록 미래를 긍정적으로 바라보는 데 예술은 도움을 줄 수 있습니다.

　　　예술이 허락하는 사회적 범주가 다른 영역보다 넓어서 그런
　　　것은 아닐까요?

전준호 일정 부분 맞지만, 예술에 대한 오해를 불러일으키기 쉬운 말이라고 생각합니다. 예술적 상상력이 허용되는 범주의 문제와 그 실천의 문제는 다르기 때문입니다. 그동안 우리가 ‹미지에서 온 소식›을 통해 만난 전문가들은 자신에게 허락된 사회적 범주와 제도 안에서 문제를 제기하고, 현실과 피부를 맞대고 싸워 온 분들이었습니다. 밖에서 방관하거나 불만을 토로하는 대신 전문성을 갖추고 그 안에서 오히려 '예술적' 실천을 하고 있었습니다. 우리가 추구하는 예술가의 역할과 실천도 이와 다르지 않을 거라 생각합니다.

　　　2021년 한국이라는 맥락은 이 프로젝트에서 어떤 의미가
　　　있나요? 정치적으로 민감하게 읽힐 수 있는 자유의 마을을
　　　이번 신작의 배경으로 선정한 이유는 무엇인가요? 작업 소재를
　　　다루는 작가의 입장과 태도가 궁금합니다.

전준호 이번 전시가 ‹미지에서 온 소식›이 처음 선보이는 자리였다면 소재에 함몰될 위험도 있었을 겁니다. 그만큼 민감하고 여러 해석, 어

쩌면 뻔한 해석이 가능한 소재임은 확실합니다. 그러나 지난 10여 년간 여러 나라와 도시를 거쳐 온 〈미지에서 온 소식〉이 그 귀결점을 찾는 데 자유의 마을은 지역적 특수성을 넘어 보편적 공감대를 끌어낼 수 있는 소재라고 생각합니다. 전 세계가 함께 팬데믹을 겪고 있는 지금이라면, 이동의 자유가 제한되고 우리를 둘러싼 체제의 모순이 더 피부에 와 닿는 현재라면, 바로 곁에 있지만 갈 수 없는 자유의 마을을 이념적 잣대를 넘어 새롭게 바라볼 수 있습니다. 70년 가까이 이어진 세계에서 유일한 분단국가의 비무장지대 내에 존재하는 한 기형적인 마을이 아닌, 세계 곳곳에 다른 이름으로 존재하는 수많은 자유의 마을을 돌아보고, 인류 전체가 함께 짊어진 문제를 성찰하는 상징적 장소로서 자유의 마을을 바라보길 제안하고 싶습니다.

문경원 우리는 작업을 하면서 잘 알지 못하는 것을 함부로 작품 소재로 다루지 말자는 태도가 있습니다. 그런 측면에서 보면 자유의 마을은 미묘합니다. 자료를 조사하고 기록을 찾아보더라도, 직접 가거나 겪지 못하는 알 수 없는 장소로 남을 수밖에 없지요. 그러나 반세기 넘게 이어진 냉전시대의 유산이 여전히 우리 몸속에 분명 남아 있습니다. 알게 모르게 체득된 불안하고 안정화되지 않은 삶, 세대와 세대를 넘어 이어지는 유전적 불안함의 초상을 간직하고 있습니다. 그런데 이 불안정함은 동시대를 사는 모든 사람들이 겪는 문제이기도 합니다. 자유의 마을을 통해 이것을 들여다보면, 보편적으로 드러나는 좀 더 본질적인 부분을 건드릴 수 있으리라 생각합니다.

　　이번 전시에서 두 분은 실제 자유의 마을과 상상의 자유의
　　마을이라는 사실과 허구를 동시에 드러낸다는 전제를
　　두었습니다. 여기서 정의하는 사실과 허구는 무엇이며 그
　　기준이나 경계는 무엇인가요?

전준호 사실과 허구는 뚜렷이 구분할 수 없습니다. 그것이 핵심입니다. 몇 년 전 처음 자유의 마을에 대해 들었을 때 도저히 사실 같지 않았습니다. '그런 곳이 21세기 한반도에 존재한다고?' 믿을 수 없어서 자료를 찾아봤지만, 여전히 비현실적이었습니다. 현시대가 사실이 더

71

허구 같고 허구가 오히려 사실처럼 느껴지는 시대라면, 오히려 흐릿한 부분을 더 흐릿하게 만듦으로써 그 경계를 관통하는 작업이 필요하다고 생각합니다.

문경원 '허구'라기보다는 예술가의 상상력이 만들어 낸 사실에 가깝습니다. 예술이 제공하는 또 하나의 유용한 도구지요. 사실이라고 말해지는 것들이 정말 사실인지 들여다보는 틀을 제공하는 것입니다. 신작에서도 그런 접근 방식을 드러내고 싶습니다. 유연한 사고들이 개입할 여지를 만드는 것, 사실과 허구의 경계가 허물어진 틈으로 그런 사고들이 더 많이 들어오게 하고 싶습니다.

'자유의 마을' 아카이브 작업에서 허구로 명명되는 장면들은 대게 유머러스하게 표현되는 경향이 있습니다. 이러한 표현을 의도한 이유는 무엇인가요?

전준호 비극의 희극화는 더 낯선 지점에서 상황을 바라볼 수 있게 해 줍니다. 물론 그걸 통해 현실의 비극을 극복하기는 어려울 수 있지만 극복하려는 시도는 계속할 수 있습니다. 그리고 그 속에서 우리는 예기치 않은 현실과 조우하기도 합니다.

문경원 현실적인 이유에서 마련한 장치도 일부 있습니다. 예컨대 자유의 마을 아카이브 사진에 등장하는 사람들의 익명성을 보장하기 위해 얼굴에 마스크를 쓰게 한다든지…. 상황 자체는 아주 사실적으로 연출하려고 노력했는데 그런 장치들이 오히려 희극성을 띠었지요. 그런데 몇 년 전만 해도 낯설게 여겨졌던 그 장면이 지금 사람들에게는 일상이 됐습니다. 모든 사람이 마스크를 쓰고 만나고, 익명성을 갖춘 채 생활합니다. 예측하지 못한 상황이지만 ‹미지에서 온 소식›을 진행하다 보면 비극적 현실이 희극적 상황과 만나 더 강렬하게 다가오는 경험을 종종 합니다.

전준호 리버풀에서도 같은 상황이 연출됐습니다. 대형마트에서 사용하는 카트가 도시의 역사적 장소를 돌아다니며 물건들을 수거해 미술관으로 향하는 여정을 담은 필름을 선보였는데, 우리의 전작과 리버풀의 도시적 맥락을 모르면 다소 엉뚱한 장면처럼 느껴집니다. 중세

72

인터뷰
문경원 & 전준호, 박주원

때부터 형성된 도시의 울퉁불퉁한 길에서 카드가 덜컹대며 만들어 내는 리듬과 템포가 더해져 희극적으로 보이는 측면이 있습니다.

신작 영상에 등장하는 두 인물 중 B는 완전히 제어, 고립된 실험체로 살아가는 모습으로 등장합니다. 그것이 인류의 미래라고 상상하는 것인지, 그런 모습으로 설정된 이유가 궁금합니다.

문경원 우리가 설정하는 미래는 현실을 은유하는 미래지 완전히 새로운 미래를 상상하지 않습니다. 사람들이 흥미를 느낄 법한, 허무맹랑한 미래가 아니라 현실과 연결 고리를 지닌, 그러면서도 서로 합의되는 풍경을 그립니다. 그러다 보니 우리의 생각과 태도가 자연스럽게 영상에 투영된 결과라고 생각합니다. 그동안 만든 영상을 보면, 우선 많은 사람들이 등장하지 않습니다. 홀로 있으면서 계속 자기 내부의 갈등을 겪고, 결국 자아와 타자, 세계와 나를 관조하는 인물들이 나오지요. 2017년 선보인 바 있는 ‹자유의 마을› 영상에서도 이런 면이 잘 드러납니다. 정확히 어디인지 알 수 없는 실험실에서 온갖 전기 실험 도구들에 둘러싸여 홀로 연구에 몰두하는 백발의 인물이 등장하지요. 그리고 죽은 망령이라도 되살려 내려는 듯 괴이한 실험이 진행되는 이곳에 초대받지 않은 방문객이 찾아옵니다. 마치 투명인간처럼 모습을 드러내지 않는 채 은밀히 실험을 지켜보지요. 이 실험실 역시 그 자체가 실재 자유의 마을과 가공된 미래의 자유의 마을을 상호 엮어 내는 시공간의 연속체를 상징합니다.

전준호 고립은 삶을 통찰하는 유용한 기회를 제공합니다. 종교에서도 종종 세상과 담을 쌓고, 혼자 있으면서 역설적으로 세계에 대한 답을 찾곤 하지요. 우리는 반세기 넘게 고립된 상황을 겪고 있는 자유의 마을이라는 창을 통해 세상을 통찰하는 유효한 시각을 가질 수 있다고 봅니다. 영상에 나오는 두 인물은 각자 다른 상황에 처해 있지만, 모두 고립된 상황에서 세계를 이해하려고 애쓰는 인물입니다. 작품에 부여된 시간적 개념 역시 관객들이 보는 그것과 다를 수 있습니다. 두 영상 중 하나는 과거로 보이고 다른 하나는 미래로 보일 수 있지만,

둘 다 현재입니다. 다시 말해 두 인물 모두 2021년 지금을 살아가는 사람들입니다. 우리는 의미론적 시간을 따르지 끊임없이 선형적으로 흘러가는 시간 개념 속에 작품을 놓지 않습니다.

　　이번 전시에 설치되는 모바일 아고라는 다양한 전문가들을 초대해 그들의 의견을 모아 보는 플랫폼입니다. 어디에서 출발한 작업인지 궁금합니다.

문경원 모바일 아고라 개념은 취리히 전시 때부터 시작됐습니다. 중립국으로서 수많은 사람과 상품, 화폐가 오가는 스위스가 지닌 상징성, 그리고 전시를 했던 미그로스 현대미술관의 역사로부터 파생했습니다. 미그로스는 스위스 최대의 슈퍼마켓 체인이자 전 국민의 절반 이상을 조합원으로 둔 스위스의 국민 기업입니다. 창립자인 고틀리프 두트바일러가 1920년대 트럭에 생필품을 싣고 여기저기 옮겨 다니며 물건을 팔았던 것이 시작이었지요. 1941년 그가 자신의 재산을 협동조합 출자금으로 내놓고 미그로스를 사회적 기업으로 재탄생시킨 이후 미그로스는 교육, 문화, 환경 등 전방위에 걸쳐 공공적 역할을 수행해 왔습니다. 우리는 미그로스 현대미술관의 설립 이념을 그 역사와 연결해 움직이는 아고라를 제안했습니다. 자전거 바퀴를 달고 움직이는 투박한 형태였지만 실제로 당시 스위스에서 주요 이슈였던 국민 기본 소득이란 주제를 놓고 여러 토크 프로그램과 게릴라 퍼포먼스가 펼쳐지는 장으로 기능했습니다.

　　팬데믹 이후 사람들이 모여서 뭔가를 한다는 것 자체에 대한 다른 시각과 개념이 생겨났습니다. 만남과 대면이 더 소중해진 측면도 있지만, 이제는 가상현실에 점점 익숙해지고 있습니다. 지금 태어난 세대들이 자라면 대면에 대한 감각과 인식 자체가 달라질 수도 있는데, 그들에게도 여전히 모바일 아고라와 같은 물리적인 장이 필요할까요?

문경원 여전히 필요할 거라고 생각합니다. 실체적 감각으로 해결이 안 되는, 예컨대 공기로 느껴지는 분위기 같은 무형의 요소마저 완전히

74

인터뷰
문경원 & 전준호, 박주원

해결되는 미래가 온다면 모르겠지만, 온라인의 한계를 더욱 크게 느끼는 지금으로서는 실제에 대한 욕구가 더 커지리라 생각합니다. 그리고 그것이 가장 잘 드러나는 공간이 예술의 현장이라고 생각합니다.

모바일 아고라가 제안하는 연대란 무엇이며, 과연 어디까지
유효하다고 생각하나요?

전준호 보통 연대라고 하면 하나의 슬로건 아래 함께 행동하는 정치적 행위로 이해되는데, 우리가 표현하는 연대는 그것과는 다릅니다. 새로운 가능성의 문을 함께 두드려 보는 노력과 시도의 과정을 공유하고, 그 경험을 각자의 지점에서 또 다른 확장으로 이어 나가는 의미의 연대입니다.

두 분의 작업은 대개 철저한 아카이브를 기반으로 구성되고,
이는 또 다른 역사를 쓰는 하나의 방법으로 기능합니다.
방대한 자료 중 유효한 아카이브를 선택하는 기준은 무엇인지
궁금합니다.

전준호 우선 해당 아카이브가 지닌 역사성을 인식하는 것이 중요합니다. 그것을 알려주는 기록물을 조사하고 찾아다니는 과정은 우리 프로젝트에서 중요한 부분이지요. 그러나 그 이후에 어떤 아카이브를 선택하느냐는 논리보다는 직관을 따릅니다. 물론 논리로 설명할 수도 있겠지만, 역사학자나 정보학자가 아카이브를 다루는 것과 예술가가 아카이브를 다루는 방식은 다르다고 생각합니다.

2012년 이후 장기 프로젝트로 진행되어 온 ‹미지에서 온
소식›은 예술의 역할에 대해 광범위한 질문을 지속적으로 던져
왔습니다. 여러 논의들이 있었겠지만, 예술 혹은 예술가의 가장
중요한 역할은 무엇이라고 생각하나요?

문경원 작업을 하면 할수록 세상에는 참 다양한 시선과 삶이 공존한다는 것을 느끼고, 그로부터 많은 걸 배웁니다. 내가 아닌 타자를 생각하고, 나를 돌아보는 계기를 마련해 주는 것이 예술이 아닐까 싶습

75

인터뷰
문경원 & 전준호, 박주원

니다. 미술뿐 아니라 소설이나 음악 등도 마찬가지입니다. 나와 다름을 인정하고, 성장하게 해 주는 것이 예술이라 생각합니다.

전준호 아까 언급한 시카고 전시에서처럼, 새로운 사고가 유입될 수 있는 장을 마련해 주는 것이 중요하다고 생각합니다. 전시 개막 후 서너 번 정도 시카고를 방문했는데, 갈 때마다 전시가 달라져 있었습니다. 누구의 전시라고, 소유의 개념으로 말할 수 없는 예술의 장이 펼쳐졌습니다. 가끔은 낯설고 이상한 작품을 만날 때도 있습니다. 그걸 보면서 '저건 뭐지? 왜 이렇게 했지' 하는 질문을 던지는 것, 그런 지점들이 중요합니다. 그리고 요즘처럼 누구나 예술을 하고 무엇이든 예술품이 되는 시대일수록, 예술가는 자기 자리에서 전문성을 키우고 꾸준히 갈고닦는 사람일 수밖에 없습니다.

인터뷰
문경원&전준호, 박주원

미지에서 온 소식: 자유의 마을
2021, 2채널 HD 영상 설치, 컬러, 사운드, 14분 35초

자유의 마을에서 태어나 한 번도 바깥세상에 나가 본 적이 없는 32세의 남자 A, 그에게는 이곳이 세상의 중심이자 끝이다. 자유의 마을에 사는 남자는 32세가 되면 마을에 남을지 떠날지 결정해야 한다. 그는 결정의 시간을 유예하며 농사짓는 시간을 제외한 대부분의 시간을 마을 주변에 자생하는 식물을 채집하고 조사하며 보낸다. 식물의 특징을 세밀화로 담은 식물도감은 그에게 무엇보다 소중하다.

10대 후반에서 20대 초로 보이는 남자 B, 그 역시 자신이 사는 공간에서 한 번도 나가 본 적이 없다. 그는 자신이 이곳에 어떻게 오게 되었는지 기억하지 못한다. 마치 처음부터 이곳에 씨앗이 심어진 식물 같은 존재, 오염된 바깥세상은 나가기에 너무 위험한 공간이다. 생활에 필요한 음식과 물품은 회사에서 정기적으로 보내온다. 가끔씩 창밖을 보며 자신의 존재 이유를 묻지만 어디에서도 답은 찾을 수 없다.

어느 날 B가 사는 공간에 A가 날려 보낸 비닐 풍선이 도착한다. 왜, 어떻게 이 물건이 이곳에 오게 됐는지 알 길이 없는 B는 혼돈에 빠지고 평온하던 일상에 금이 간다. 며칠째 풍선을 바라보기만 하던 B는 용기를 내 안에 담긴 내용물을 꺼내 본다. 이후 계속해서 도착하는 풍선 속에 담긴 식물 표본과 자유의 마을에 대한 내용이 적힌 쪽지는 바깥세상에 대한 B의 호기심을 일깨우고, 어느 순간 밖으로 나갈 계획을 세우기 시작한다.

이 두 인물의 모습을 담은 2채널 영상은 서로 등을 마주하고 미술관이라는 같은 시공간 속에서 과거와 미래의 경계를 모호하게 지운다. 영상 작품과 유기적으로 연결된 미술관 전시장은 작품의 서사에 따라 공간의 조명이 점멸하거나 음향이 조정되는 방식으로 변화하며, 이를 바라보는 관람객은 마치 영상 작품 속 인물들과 함께 공존하는 듯한 느낌을 받게 된다.

• 각본, 연출
문경원 & 전준호
• 프로듀서
오정완
• 협력 프로듀서
이승복
• 촬영
조은수
• 조명
신경만
• 편집
김선민
• 음악
달파란
• 미술 감독
김병한
• 의상 디자인
케이티 정
• 헤어, 메이크업
양유미
• 시각 효과
윤재훈
• 기술 감독
조희대
• 출연
박정민
진영
정미소 사장: 홍선덕
군인 1: 고영관
군인 2: 김효영
작업자 1: 김건우
작업자 2: 권영호
작업자 3: 이상철
작업자 4: 윤혜중

• 제작 부장
정영준
• 제작팀
이동현
• 조감독
이호현
• 연출팀
전민배, 최희정, 권소진, 김지우
• 스크립트
황지선
• 현장 편집
김주현
• 동시 녹음
김지훈
• 스토리보드
송선찬
• 촬영 퍼스트
박주영
• 촬영팀
김우영, 황인형
• B 카메라 촬영팀
박찬선, 유태수
• 그립 실장
김종배
• 그립팀
전순필, 이현규, 우애녹
• 이동 그립팀
강은기, 김동욱
• 드론 카메라
김우상, 김창호

• 조명 팀장
김영철
• 조명팀
하태윤, 가순범, 최지훈
• 전기팀
한두형, 김탁현
• 데이터 매니저
김민우
• 스틸 사진
박진호
• 미술 팀장
윤성혜
• 세트 제작 관리
김중곤
• 세트 디자인
이보현, 신지혜
• 미술팀
정혜지, 이슬비, 최지영, 이재욱
• 슈퍼 마스크, 패치 디자인
송봉규, 이일우, 양성원, 김민정
• 건축 자문
유현준, 이수호
• 세트 설치 지원
우징
• 의상 실장
김은영
• 의상팀
손동지, 박진, 권혁일
• 특수 분장
윤황직
• 분장팀
김희진

• 편집팀
황은주, 최인화
• VFX 스튜디오
앨리스 FX
• 시각 효과 제작
성준호
• 시각 효과 편집
한희성
• 시각 효과 매니저
이윤경
• 3D 건축 디자인
김지우
• 사운드 포스트 프로덕션
리드 사운드
• 사운드
정민주, 김필수
• 녹음 믹싱
김필수
• 내레이션 녹음
정민주
• 사운드 효과 편집
임원빈, 이지혜
• 폴리 아티스트
임진효
• 폴리 녹음
하영빈
• 디지털 색보정
알고리듬 미디어 랩

• DIT
조신영
• DI 컬러리스트
이승훈
• DI 어시스턴트 컬러리스트
강경원, 김지연
• DI 마스터링
신영섭
• 포스트 프로덕션
곽성규
• 내레이션 각색
이한범
• 자막 번역
박주원, 장소정, 김희우
• 카메라 장비
덱스터 워크숍
• 보험
흥국화재
• 박정민 매니저
김미희, 주래옥, 현윤석
• 진영 매니저
손석우, 진충선, 정수빈
• 촬영지
영화의 전당, 부산
덕유산국립공원
DMZ 생태평화공원
약산 정미소
• 제작협조
영화사 봄
• 후원
𝗛 HYUNDAI
• 커미션
MMCA 국립현대미술관
National Museum of Modern and Contemporary Art, Korea

미지에서 온 소식: 자유의 마을

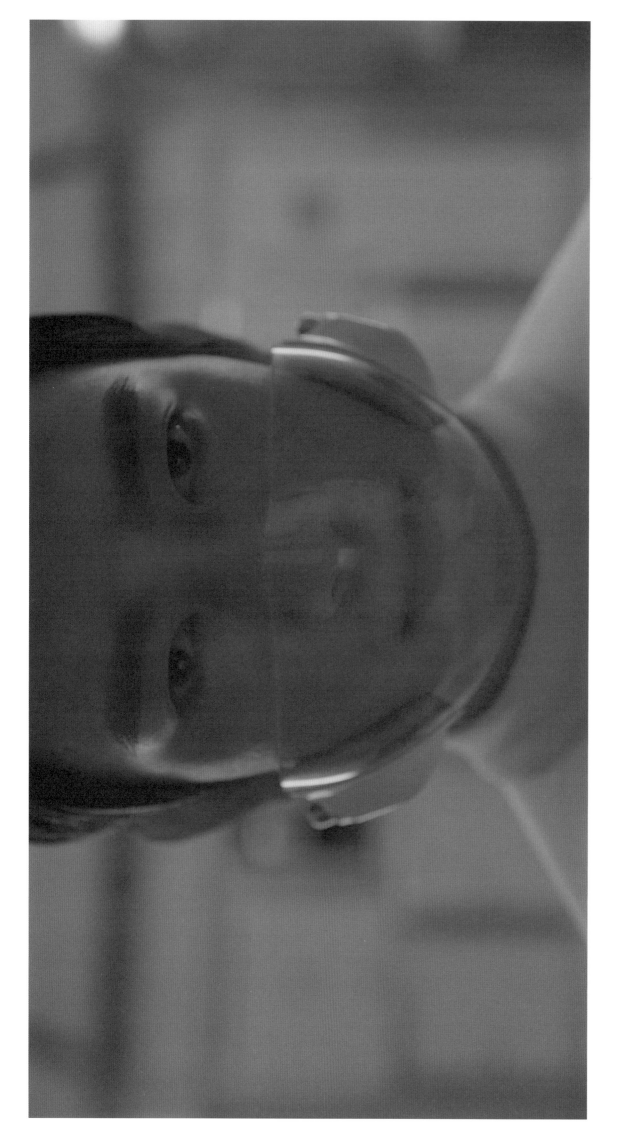

유현준
포스트아포칼립스 하우징 시스템, 2021

이후의 건축

우리는 지구가 어느 때보다도 급격하게 변해 가는 과정을
목격하고 있다. 기후 위기는 임계점을 눈앞에 두고 있으며,
생물종 또한 백악기 말과 비교될 만큼 빠르게 사라지고 있다.
그럼에도 불구하고 멈출 수 없는 현대 문명의 이기에 전염병
문제마저 대두되면서 인간의 아포칼립스, 그리고 그 이후의
삶은 어쩌면 지금도 우리에게 가까워지고 있을지도 모른다.
현재 코로나19로 인해 더욱 가속되고 있는 방향(비대면화,
개인화, 파편화, 디지털화)이 아포칼립스를 맞이한 이후,
인간의 생애는 어떤 방향으로 흘러가게 될까? 이것은 그중
하나의 에피소드가 될 이야기이다.

배양된 인간, 최소의 주거

지구의 맑은 대기는 인간에게 다양한 공간들로 이동할 수
있는 자유를 주었으나, 아포칼립스 이후 대기 환경의 오염은
인간에게 공간을 유영할 권리를 앗아 갔다. 인간들은 더
이상 다양한 공간들을 유영하는 존재가 아닌 한정된 공간에
배양된 채 그곳에서 생존을 위해 살아가는 파편화된 개인이
되었다.
공간은 사람의 행동을 이끌어 내기도 제한하기도 한다. 즉
공간이 변화하면 사람의 행동도 변화하는 것이다. 공간이
변화하지 않는다면 사람의 행동도 고정된 방향으로 흘러갈
것이며, 행동이 고정된 것을 우리는 로봇과 같이 인식한다.
따라서 인간의 삶을 유지하기 위한 최소의 주거 조건은
공간의 변화를 어떻게 이끌어 낼 것인가에 큰 영향을 받는다.

포스트아포칼립스 하우징 시스템
유현준

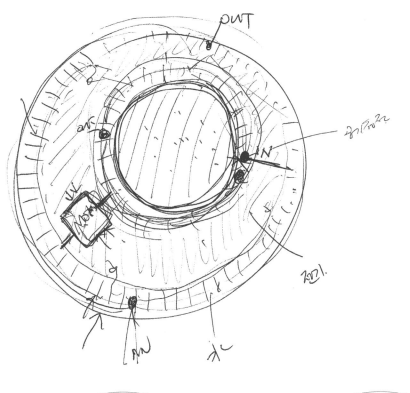

원은 정해진 중심을 기준으로 끊임없이 순환하는 형태다. 우리는 중심도 지름도 다른 두 원을 중첩시켜 순환에 따라 계속해서 변화하는 공간의 모습을 그렸다. 안쪽 원은 배양된 인간이 생존을 위해 연구할 자연의 공간이 되고, 자연의 원을 포함한 바깥 원은 다른 중심을 기준으로 순환하며 자연을 둘러싸고 계속 변화하는 인간의 공간이 된다.

생활을 위한 장치들은 인간의 공간인 바깥 원을 따라 순환하며 필요에 따라 점유하는 공간을 달리한다. 기계 장치뿐만 아니라 메자닌(Mezzanine)* 또한 270도 반경으로 레일 장치를 통해 순환하며 수면 공간을 분리하거나 외부로부터 물자를 건네받는 통로로 기능한다. 모든 장치들은 바깥 원 벽체 속의 샤프트** 공간을 통해 바닥의 설비 층과 연결되어 구동 및 정화 시스템을 갖추도록 설계될 것이다. 이 설비 시스템들은 사람이 바닥재를 열어 정비 가능한 영역 안에서 순환하며 각각의 IN-OUT 기관을 가지기에 환경의 항상성을 유지시키는 역할을 한다.

* 건물 내부의 층과 층 사이에 설치된 중간층을 말한다.
**건축물에서 승강기나 설비 덕트 등이 통과하는 연직 방향의 중공 공간.

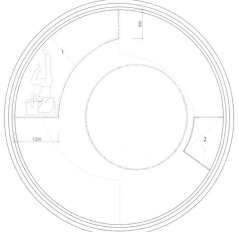

1. Sleeping Floor
2. Delivery Pod

1. Botanical Laboratory
2. Food Supplying Facilities
3. Laboratory
4. Toilet Facilities
5. Storage Pod

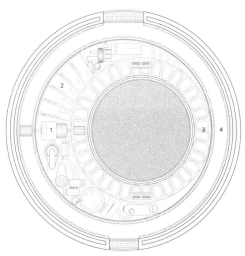

1. Power Motor
2. Power Generation Facilities
3. Air Purification Facilities
4. Water Purification Facilities

포스트아포칼립스 하우징 시스템
유현준

고립된 환경 속 생(生)의 의지

한정된 공간 속에서 생존을 위해 살아가는 기간이 지속된다면
사람들은 어떻게 반응하게 될까? 생존의 궤도에 올라간
사람들은 (처음부터 공간에 배양되었을지라도) 외부에 파편화된
개인들을 통솔하는 '회사'의 존재만으로도 자신 이외의 존재를
깨닫고 집단 개체로 나아가려는 본성적인 생의 의지를 가지게 될
것이다. 그러기 위해서는 실린더식의 지탱 장치가 다양한 굴곡의
대지에 반응하며 새로운 인간의 활동층을 일정한 높이로 만들고,
주거 시설을 잇는 공간을 거주 가능한 환경으로 만들어야 할
것이다. 연결 패널들은 외부로부터 주거 환경을 보호할 뿐만
아니라 태양 빛에 대응해 에너지를 생산하고 굴곡 면을 통해
빗물을 모아 정화할 수 있는 재질과 형태를 가지게 될 것이다.
물론 이는 외부의 사회, '회사'의 의사를 거쳐야 하겠지만 인간의
생의 의지는 우리를 단절 너머의 이야기로 계속 이끌 것이다.

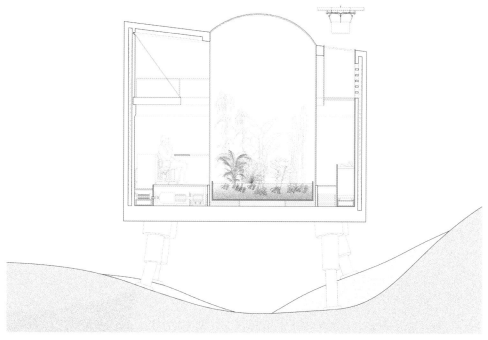

유현준
유현준건축사사무소, 스페이스컨설팅그룹 대표 건축사이자
홍익대학교 건축도시대학 교수이다. 연세대학교에서 학사를,
MIT에서 건축설계 석사(M.Arch)를 마쳤으며, 하버드
대학교 건축설계 석사 우등 졸업을 했다. 이후 리차드 마이어
사무소에서 실무 경력을 쌓았다. 건축가는 사회의 복잡한
관계를 정리해 주는 사람이라고 말하는 그는 어우러져 잘 살
수 있는 화목한 건축으로 관계와 사회를 바꿔 나가는 한편,
여러 매체를 통해 통찰력 있는 글을 쓰고 있으며 강연, 방송
등을 통해 건축과 대중을 연결시키고 있다.

포스트아포칼립스 하우징 시스템
유현준

BKID
슈퍼 폐·마스크·패치, 2021

현재의 팬데믹 사태를 비롯해 앞으로 도래할 '질병 X'의 시대에 인류를 위협할 다양한 호흡기 바이러스 질병은 들숨과 날숨이라는 포유류의 숨쉬기 방식에서 기인한다. 들이마신 숨을 다시 동일한 경로로 내쉼으로써 유지되는 이러한 호흡 방식은 감염된 호흡기를 통한 전파력을 높인다. 반면 조류의 호흡은 기낭이라는 기관을 통해 들이마시는 기관과 내쉬는 기관이 일정 부분 분리되며 (마치 내연 기관의 라디에이터 그릴을 통과하는 공기처럼) 일방적인 공기의 흐름을 만들어 낸다. 대기 중 산소가 부족했던 트라이아스기 효율적인 산소 확보를 위해 발달한 이러한 기관은 활성 산소의 발생을 억누르는 역할도 한다. 폐 속의 공기를 100퍼센트 교체하는 조류의 호흡은 일반적으로 인간에 비해 세 배 높은 산소 효율을 가졌다고 알려져 있다.

슈퍼 폐, 마스크, 패치는 이러한 조류의 호흡 구조를 극대화한 기술의 집약체로서, 산소의 효율을 높여 호흡을 줄이고, 심지어 극한 상황에서는 무호흡으로 생존할 수 있는 가능성을 열어 준다. 적은 호흡은 적은 감염으로 이어지고, 무호흡은 무감염을 목표로 한 극단적인 방역 기술이기도 하다. 피부 혹은 동맥을 통해 공급되는 고농축 산소는 하루 2만 5000번 이상의 호흡으로 유지되는 현재 인간의 호흡 시스템에 획기적인 변화를 불러올 것이다.

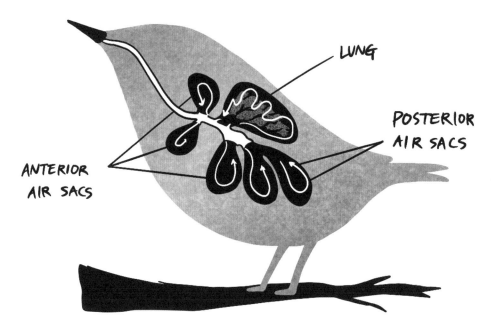

"AIR SACS" IN BIRD'S RESPIRATORY SYSTEM

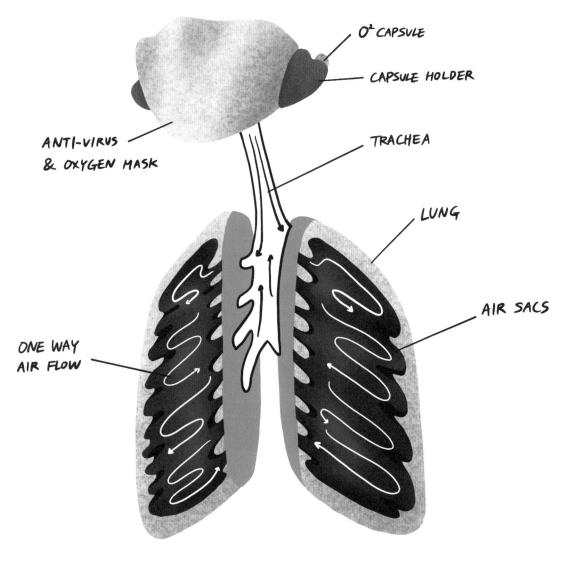

"SUPER LUNG" FOR MAXIMUM EFFICIENCY

슈퍼 폐·마스크·패치
BKID

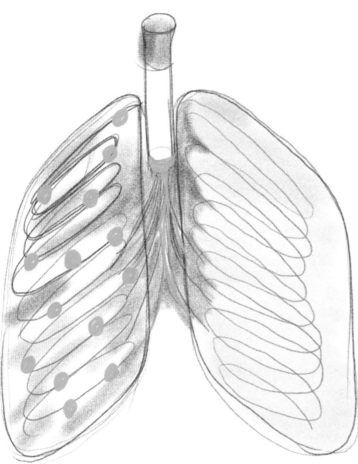

BKID
송봉규 / 이일우 / 양성원 / 김민정
산업 디자이너 송봉규가 이끄는 BKID는 서울에 기반을
둔 디자인 스튜디오이다. 2006년 설립된 이래 공예,
하이테크, 현대 미술 영역을 넘나들며 가전, IT, 의료 기기,
디지털 디자인 등 폭넓은 분야에서 주목할 만한 성과를
보여 왔다. iF, Red dot, CES, 굿 디자인 어워드(한국/일본)
등에서 40여 차례 수상한 바 있으며, BMW, 아우디, 삼성,
LG, 델, 디즈니 등 글로벌 브랜드를 비롯해 100여 개가
넘는 기업들과 협력해 새로운 기술에 디자인을 접목한
프로젝트들을 진행했다.

설립자이자 디자인 디렉터 송봉규는 2020년 iF 디자인
어워드 제품 부문 심사 위원, 2013년 아우디 디자인 공모전
심사 위원을 지냈으며, 2012년 대한민국 대표 K-디자이너
10인(중앙일보), 2012/2016년 올해의 디자이너(월간
디자인 리빙 디자인 부문), 2013년 대한민국을 이끌
젊은 리더(포브스 코리아), 2015년 올해의 젊은
예술가(문화체육관광부) 등에 선정된 바 있다.

사진 ©김권진 / 모델: Dye Gabriel Louis

슈퍼 폐·마스크·패치
BKID

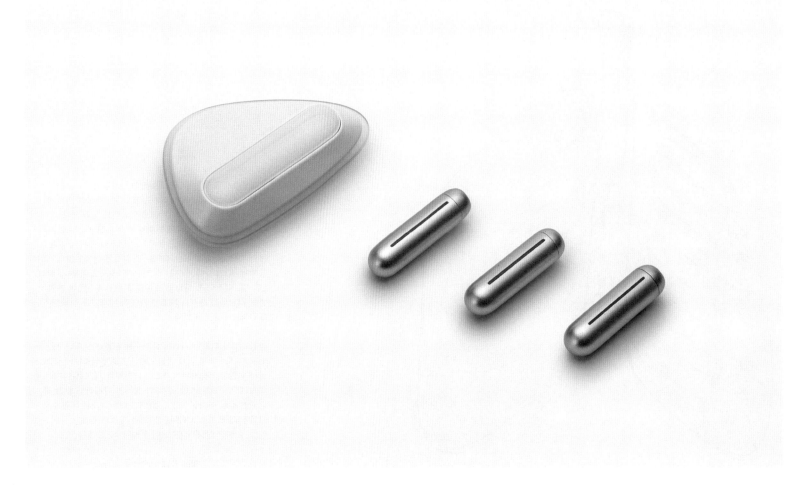

슈퍼 폐·마스크·패치
BKID

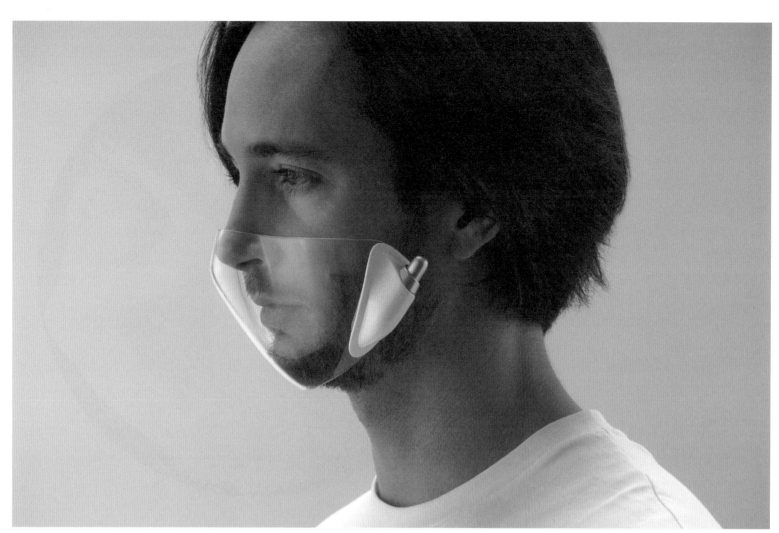

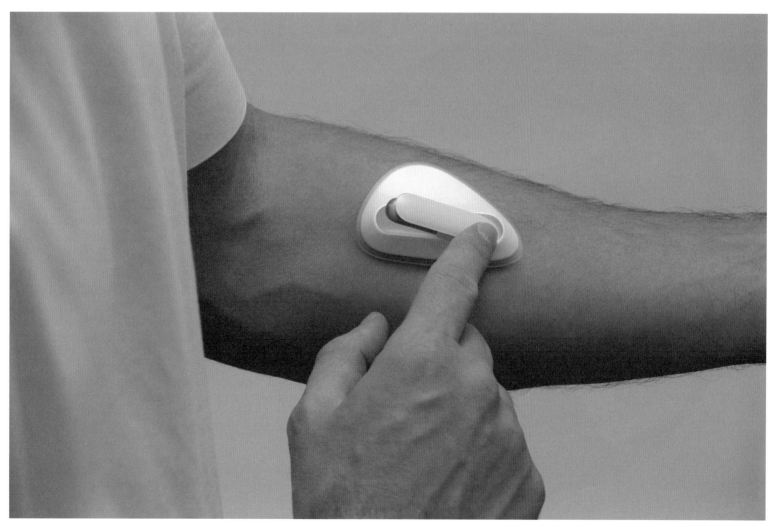

슈퍼 페·마스크·패치
BKID

케이티 정
움직임의 미학, 2021

케이티 정
움직임의 미학, 2021

케이티 정
센트럴 세인트 마틴스를 졸업한 후 패션 브랜드 우영미의
아트 디렉터로 활동을 시작하며 광고 캠페인, 쇼 프로덕션
등 다양한 매체를 통해 브랜드 이미지를 총괄했다. 2013년
크레이티브 디렉터로 임명된 이래 '젊음의 생명력'이라는
키워드와 독특하고 진보적인 접근법으로 글로벌 브랜드로서
우영미의 입지를 재정립했다. 2020년 패션 브랜드
청(CHUNNNG)을 론칭한 그녀는 패션뿐 아니라 영화, 음악
등 다양한 문화 콘텐츠를 통해 현실과 가상을 넘나드는
독창적인 세계관을 담은 작품을 발표하며 자신만의
패션·문화 패러다임을 구축해 나가고 있다.

코스튬 디렉터: 케이티 정
코스튬 디자이너: 김영은, 손동진, 박지인, 권혁일
사진: 조기석
모델: 손예일
메이크업 아티스트: 오정석

움직임의 미학
케이티 정

움직임의 미학
케이티 정

자유의 마을
2017, 단채널 비디오, 흑백, 사운드, 12분 15초

‹자유의 마을›(2017)은 오랜 시간 그 궤적을 쫓아 온
대성동 자유의 마을에 관한 연구와 고찰, 작가의 상상력을
바탕으로 재구성한 영상이다. 정전협정 이후, 한반도에
물리적으로 실재하지만, 제도적으로 부재하는 이 마을은
실체에 다다를 수 없는 신기루 같은 대상이다. 이곳을
배경으로 한 이 작품에는 다양한 시공간에 존재하는
인물들이 등장하며 그것이 과거, 현재 또는 미래인지 알
수 없는 형태로 복잡하게 교차한다. 낡고 오래된 장비들이
가득한 실험실에서 무엇인가를 골똘히 연구하는 남자, 실제
한국전쟁 시기 현장을 기록한 영상과 허물어져 가는 마을의
외관을 통해 작가는 반복적으로 조작되고 은폐된 역사의
허구와 오류를 드러낸다.

자유의 마을

• 각본, 연출
문경원 & 전준호
• 촬영
박세승
• 조명
배일혁
• 편집
김선민
• 미술
최연식
• 음악
달파란, 장영규
• 시각 효과
윤재훈
• 제작부
조수빈
• 연출부
권소진
• 촬영 퍼스트
조진우, 양희진
• 촬영팀
김재현, 고경은, 이승훈,
강예섭, 신지훈

• 그립팀장
김경수
• 그립팀
정민규, 김도준, 최은기
• 크로마키
최정민
• 미술팀장
신승주
• 소품
안세진, 천경남
• 편집팀
황은주
• VFX 스튜디오
앨리스 FX
• 시각 효과 제작
이승우
• 시각 효과 프로듀서
최진일
• 색보정
김형희
• 사운드 믹싱
라이브톤(최태영, 강혜영)

• 카메라 장비
필렌탈
• 스튜디오
STUDIO IMG
• 보험
오영준(DB손해보험)
• 커미션
프리즈 프로젝트 홈,
맨체스터 미술관
• 후원
국가기록원, 한국문화원,
영국, K티비, 표충사

자유의 마을
Freedom Village
2017 ⓒ MOON Kyungwon
& JEON Joonho.
All rights reserved.

자유의 마을

자유의 마을_아카이브
2021, 아카이브 설치, 가변 크기, 13분 45초, 자료 제공: 국가기록원

자유의 마을은 정치 이데올로기와 제도, 시스템의 모순,
인류가 저지른 오류가 실재하는 공간으로, 인간의 기호나
언어와 같은 범주로는 설명할 수 없는 대상들이 존재한다.
그 존재를 알지만 다다를 수 없는 곳, '자유의 마을'을 기록한
자료들은 이 아카이브를 통해 재가공된다.

국가기록원에 남겨진 마을의 역사와 사건들을 작가적
상상으로 재해석한 사진과 영상 그리고 텍스트는 진실과
허구를 넘나들며 믿기 어려운 사실과 존재를 더욱더
허구적인 것으로 꾸며 낸다. 그리고 마침내 이 허구적
기록들은 자유의 마을을 벗어나, 인류사 전체에 점철된
세계의 모순을 명확히 드러내고 오늘날 우리의 모습을
냉철히 바라보는 자각과 성찰을 제안한다.

자유의 마을_아카이브

〈자유의 마을_자유의 마을 푯말〉
2017–2021, 디지털프린트, 140 × 120 cm

우리 마을은 서해로 흘러드는 강 근처 평야 지대에 위치한다.
마을 앞에는 산이 하나 있는데, 전해 내려오는 이야기에 따르면
아주 먼 옛날 대홍수가 났을 때 개울 모래가 떠밀려 내려와 쌓인
것이라 한다. 언제부터 이곳에 사람이 살았는지는 정확히 기록된
바가 없지만 마을 근처에서 발굴되는 유적으로 보아, 적어도
기원 전후로 마을을 이룬 것으로 추측된다. 그러나 이곳이
자유의 마을이란 이름으로 불리기 시작한 것은 오랜 전쟁이
멈추고 평화가 다시 찾아온 이후다.

Our village is located in a plain area near a river that flows into
the West Sea. There is a mountain in front of the village, and according
to a story, when there was a great flood a long time ago, the sand of the
stream was pushed down and piled up. It has not been recorded exactly
when people lived here, but it is presumed that the village was esta-
blished around A.D., based on the remains excavated near the village.
However, it began to be called the Freedom Village after the long war
stopped and peace returned.

자유의 마을_자유의 마을 푯말

<자유의 마을_족구 시합 2>
2017−2021, 디지털프린트, 140×120 cm

자유의 마을에는 총 49세대 207명이 거주하고 있다. 주민들은
총 948필지(480만 제곱미터)의 농지에서 벼, 콩, 고추 등을
재배하여 수입을 얻고 있다. 마을에는 청년회가 있는데, 회원은
열아홉 명이고 가입을 위한 연령 조건은 없다. 입회비나 회비는
없고 공공 비축 쌀의 입고와 출하 등 마을 공동의 작업을 할 때
청년회에서 봉사를 하고 있다. 비정기적으로 마을의 다른 모임인
부녀회와 노인회 등과 친목 모임을 가지며 교류하고 있으며 매년
마을 운동회를 조직하여 심신의 안정을 꾀한다.

A total of 49 households and 207 people live in the Freedom Village.
Residents earn a total of 948 lots (4,800,000 m2) of land from growing rice,
beans, and peppers. There is a Youth Association in the village, with 19
members and no age requirement for membership. There are no entrance fees
or membership fees, and the Youth Association volunteers to work together
in the village, such as the warehousing and shipment of the public
reserve rice. On an irregular basis, the Women's Association and the Senior
Citizens' Association, and others are actively engaged in social gatherings,
and the Village Sports Association is organized every year to stabilize
the mind and body.

<자유의 마을_나무에 기대어>
2017-2021, 디지털프린트, 140×120 cm

마을의 최고령인 K씨는 98세로 생을 마치기 전까지 자유의
마을에서 평화로운 삶을 살았다. 그의 두 아들은 마을에서
여전히 농사를 짓고 살고 있고, 딸은 외지로 시집을 가 마을을
떠났다.

K, the oldest man in the village, lived a peaceful life
in the Freedom Village until he died at the age of 98.
His two sons still live and farm in the village, and his
daughter married out of town and left the village.

<자유의 마을_나무에 기대어>
2017-2021, 디지털프린트, 140×120 cm

마을의 최고령인 K씨는 98세로 생을 마치기 전까지 자유의
마을에서 평화로운 삶을 살았다. 그의 두 아들은 마을에서
여전히 농사를 짓고 살고 있고, 딸은 외지로 시집을 가 마을을
떠났다.

<자유의 마을_예방 접종>
2017–2021, 디지털프린트, 140 × 120 cm

마을의 중심에는 주민들의 안전과 구호를 위해 무장한 군인이
365일 상주하는 군인 사무실이 있다. 마을에 출입하는
외부인이나 주민들의 영농 작업을 에스코트 하는 등 주민의
안전을 위한 업무와 제반 행정뿐 아니라 간단한 건강 검진과
예방 접종을 위한 보건 활동도 하고 있다. 자유의 마을에
출입하려면 반드시 이곳에 신고를 해야 한다. 이곳은 사진
촬영이 금지된 구역이다.

At the center of the village is a military office where armed
soldiers reside 365 days for the safety and relief of the resi-
dents. They escort farming activities of outsiders and residents
entering the village, as well as administration for residents'
safety and health activities for simple medical checkups and
vaccinations. You must report here to enter the Freedom Village.
This is an area where photography is prohibited.

<자유의 마을_마을회관>
2017-2021, 디지털프린트, 140 × 120 cm

마을에서 가장 오래된 건물은 마을 동쪽 낮은 산자락 정산
부근에 위치한 '자유의 집'이다. 지금은 수목이 우거져
전망이 그리 좋지 않지만, 1959년 건립 당시만 해도 마을
전체가 내려다보이는 경관이 좋은 자리였다. 새로운 마을
회관이 들어서기 전까지 이곳은 주민들의 집회, 회합 장소로
사용되었다. 초등학교 졸업식을 비롯해 매년 명절마다 마을로
보내지는 위문품 전달식 등 거의 모든 마을 행사가 이곳에서
이뤄졌다. 건축 디자인 측면에서 보자면 전형적인 모더니즘
양식으로 분류할 수 있다.

The oldest building in the village is the Freedom House located near
the low hillside settlement in the east of the village. The view is not
very pleasant now due to thick trees, but when it was built in 1959, the
scenery overlooking the entire village was a nice place. Before the
establishment of the new village hall, it was used as a gathering place
for residents of the village. Almost all village events were held here,
including elementary school graduation ceremonies and the delivery
ceremony of consolation goods sent to the village every holiday.
In terms of architectural design, it can be categorized as a typical
modernist style.

<자유의 마을_운동회>
2017–2021, 디지털프린트, 140×120 cm

자유의 마을에 있는 교육 시설은 대성동초등학교가 유일하다.
이 학교는 한국 전쟁 이후 주민 자치로 운영되다가 1968년 5월
8일에 대성동국민학교로 인가, 개교하였다. 1967년 첫 번째로
졸업식이 거행되었고, 지금까지 총 52회의 졸업식을 거치면서
많은 학생들을 배출하였다. 현재는 무상 인터넷 보급으로 스마트
교실인 '기가클래스'(GIGAclass)와 사물인터넷창의교육을
할 수 있는 '무한상상교실'을 구축하였다. 교훈은 '생각은
깊게, 행동은 바르게, 항상 최선을 다하는 어린이가 되자'이며,
2006년에는 영어 교과 특성화 학교로 지정되어 '영어로 여는
아침' 활동과 '영어 체험 활동'을 시행하고 있다.

Daesung-dong Elementary School is the only educational facility in
Freedom Village. After the Korean War, the school was established as
Daesung-dong Primary School on May 8, 1968. The first graduation
ceremony was held in 1967, and a total of 52 graduation ceremonies have
produced many students. Currently, it has established an "Infinite
Imagination Class" that can provide education on "GIGA class" and
Internet of Things creativity, which is a smart classroom, through the
free Internet supply. The lesson is "Let's be children who think deeply,
behave properly, and always do their best," and in 2006, it was designated
as an English-language specialized school, implementing "Morning Open
in English" activities and "English Experience Activities."

자유의 마을_운동회

<자유의 마을_무대 뒤에서>
2017–2021, 디지털프린트, 140 × 120 cm

마을 주민들 사이에서는 도깨비를 봤다는 이야기가 흔히
전해진다. 산을 건너오다 파란 도깨비불을 보고 기절하여 아침에
깨어났다는 얘기, 마당에 빗자루가 혼자 돌아다니거나 솥뚜껑이
저절로 열렸다는 얘기 등 다양하다. 할머니들은 옛날에 마을
곳곳에서 허연 사람이 서 있는 것을 종종 목격했다고도 한다.

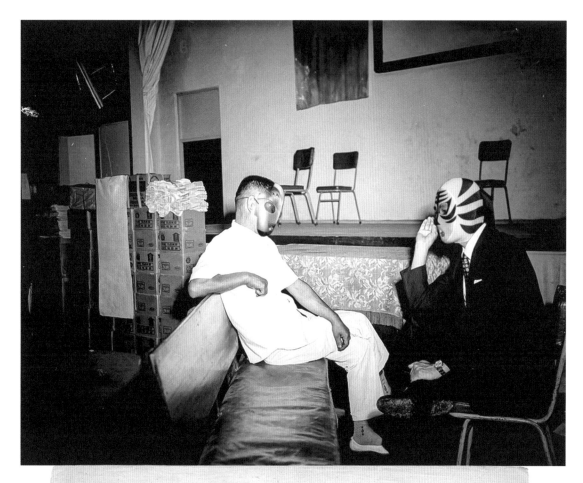

It is commonly heard among the villagers that they spotted a
goblin. There are various stories about waking up the next morning
after seeing a blue goblin fire while crossing the mountain, a broom
wandering alone in the yard, or the lid of the pot opening on its
own. Grandmothers say they have often witnessed white, ghostly
people standing all over the village.

풍경
2021, 캔버스에 아크릴릭, 유채, 292 × 425 cm

이번 전시의 신작인 이 대형 풍경화는 ‹미지에서 온
소식: 자유의 마을›(2021) 속 장면 일부를 가져옴으로써,
영상의 서사를 현실로 끌어오는 듯한 느낌을 준다. 영상과
같은 주제를 다루지만, 완전히 다른 미디엄인 회화를
사용함으로써, 관객으로 하여금 색다른 측면의 경험과
감정을 불러일으키도록 한다. 이 풍경화는 존재하지만
닿을 수 없는 자유의 마을을 은유적으로 표현함과 함께,
이를 미술관이라는 공간에서 재현함으로써, 모든 상상을
기반으로 불가능한 것을 가능하도록 만드는 예술의 중요한
역할에 대해 논하고자 한다.

풍경

풍경

모바일 아고라
2021, 스테인리스 스틸, 알루미늄, LED 패널, 각 196 × 320 × 260 cm

고대 그리스의 아고라에서 비롯한 ‹모바일 아고라›는
지속적으로 움직이며 변화하는 관계와 연대의 플랫폼이다.
‹모바일 아고라›는 예술의 사회적 기능과 역할을 조명하는
것으로부터 출발한다. 이곳에서는 예술가와 디자이너,
건축가, 과학자 등 각계의 전문가들이 모여 예술의 지향점을
짚어 보고, 예술을 넘어 사회, 과학, 정치, 문화 등 다양한
분야에서 사회 전반을 성찰하며, 전시의 의제를 확장한다.
‹모바일 아고라›에서 형성되는 긴밀한 관계를 통해 우리는
현재 맞닥트린 위기 상황의 근본적인 원인을 탐색하며,
새로운 가치와 대안적 미래를 제안해 보고자 한다.

모바일 아고라

지적 기량과 설치 역량을 과시하는 출품작들이 빼곡히 들어찬 국제 전시회에서 두각을 드러내려면 무엇이 필요할까? 어떻게 한 예술가가 경쟁을 뚫고 주목을 끌 수 있을까? 한 가지 관객 전략은 스펙터클이다. 규모가 크고 눈에 확 띄거나 충격적인 제안을 내놓는 것이다. 시간 기반 작업을 통해 다른 길을 모색할 수도 있다. 작품에 내재된 시간의 경과는 작품 감상의 가이드가 되어 주며, 관람객들은 짧은 영감과 휴식의 순간을 누리기 위해 앞다투어 자리에 앉는다. 또 사회적 활동을 제공하고, 참여를 유도하는 신호를 전달하고, 설치 공간을 통과하거나 여러 장소를 경유하는 경로를 설계하는 등 다양한 형태로 관객을 참여시킬 수 있다. 심지어 전통적인 화랑식으로 작품을 벽에 걸어서 새로운 인상을 줄 수도 있다. 그래도 그런 초대형 전시에서 계속 마음을 열고 작가의 진심에 부응하는 데 필요한 시간을 할애하기란 힘들기 때문에 관람객은 여전히 어려움을 겪을 수 있다. 그리고 끝으로, 이 모든 일은 단 며칠이나 하루 동안에 이루어져야 한다.

강렬한 작품은 이 모두를 뛰어넘을 수 있다. 심지어 도쿠멘타처럼 에너지 소모가 심한 분위기에서도 사람들은 걸작을 발견하기를 희망한다. 바로 그것이 내가 2012년 여름 카셀 도쿠멘타 13에서 ‹미지에서 온 소식›을 보았을 때 경험하고 발견한 것이었다. 나는 짧은 시간 체류했고 둘러보아야 할 것이 많았지만 이 작품의 세계에 몰입한 채 머무르고픈 바람으로 몇 번이고 되돌아왔다.

몇 개월 뒤 문경원과 전준호는 서울에서 시카고로 날아와 이 프로젝트의 두 번째 전시회인 «미지에서 온 소식: 시카고 실험실»(2013)을 기획했다. 그런데 도쿠멘타 할레에 거의 숨어 있다시피 했던 그들의 작품에 내가 마음을 빼앗긴 이유는 무엇이었을까? 그 공간에 들어섰을 때 처음 마주친 2채널 필름 ‹세상의 저편›(El Fin del Mundo)은 확실히 놀랍도록 뛰어난 작품이었다. 아름다움에는 여전히 우리를 감동시키는 힘이 있고, 이 작품은 관객을 대체 현실로 유혹했다. 풍부한 디테일로 손에 잡힐 듯 구현된 이 기이하고 종말론적인 이야기는 보는 이들을 끌어들여 우리를 다른 시공간으로 실어다 놓는다.

현대가 SF의 선견지명과 유토피아 추구의 부질없음을 실증했다

«미지에서 온 소식: 시카고 실험실» 전시 전경, 2013,
설리번 갤러리, 시카고. 사진 © James Prinz

면, 이 작품은 이 식상한 이야기를 새로운 차원에서 이어 나갔다. 10년이 흐른 지금, 도널드 트럼프가 쏘아 올린 가짜 뉴스, 이와 연관된 사이버 전쟁, 코로나19, 그리고 심각한 현실적 종말의 징후를 띠고 세계의 상태를 바꾸고 있는 기후 변화의 소용돌이와 더불어 픽션과 소위 현실의 경계는 다시금 이동했다. 이 공간에서 현실은 얼마든지 협상 가능한 것인가, 혹은 현실이 우리의 현 존재 방식을 명확히 포착해 내지 못하는 것인가? 그것이 이 작품이 발하는 매력과 그 배후에 숨은 긴급한 필요성의 일부였을까?

이 흥미로운 퍼즐 조각들을 가지고 두 작가는 풍부하면서도 완전히 해독할 수는 없는 내러티브를 쌓아 올렸다. 나는 더 알고 싶었다. 이 필름은 무엇에 대한 것이며 이 프로젝트는 어떻게 생겨난 것일까? 커튼을 걷으니(그러니까 프로젝션 스크린을 지나쳐 다른 전시실로 들어갔다는 말이다) 그 뒷이야기가 제시되어 있었다. 나는 거기서 해답이 드러날 것으로 기대했다. 하지만 그들이 카셀에 출품한 작품의 두 번째 파트인 이 전시는 계단 아래 움푹 파인 비좁은 공간에 빽빽이 우겨 넣어져 있어 그 무수한 아이디어와 과정에 천착하며 숨 돌릴 여유가 거의 주어지지 않았다. 호기심보다 혼란을 더 자극하는 이런 환경에서, 처음 필름을 접했을 때 느낀 최초의 흥분은 실망으로 바뀌었다. 디자이너와 건축가 들이 이 영상의 각 부분을 위해 상상하고 고안해 낸 요소들을 충분히 이해해 가며 감상할 수 없었다. 또 광범위한 조사의 면면이 담긴 인상적인 출판물을 찬찬히 읽어 볼 시간도 없었다. 더 공부가 필요했다.

이제 나는 그런 대규모 전시에서 모든 작가의 작품에 대해 충분한 정보를 제공하는 것이 어려운 일임을 이해하고 공감한다. 하지만 그 결과는 관람객을 좌절에 빠뜨릴 뿐만 아니라, 작가가 기울인 노력의 깊이까지도 희석시킨다. 내가 이 작품을 시카고에서 전시하는 데 관심을 갖게 된 동기는, 이 프로젝트를 활짝 펼쳐 다른 주역들의 작업물을—더 잘 보여 줄 뿐만 아니라 더 큰 전체의 일부로서 이해시키기—위한 공간을 제공하고픈 열망이었다. 즉 작품의 다양한 구성 요소들이 충분히 들어갈 수 있게끔 공간을 확장하여 다시 무대에 올리

116

는 것이었다. 그런데 문경원과 전준호가 이 새로운 장소에 몰입하면
서 이를 훌쩍 뛰어넘는 무언가가 출현했다. 그들이 완전히 새로운 관
람 경험의 우주를 창조하면서 이 작품은 애초의 기대를 능가하여 살
아 있는 존재감을 띠게 되었다.

큐레이팅을 할 때 나는 장소 특정성—관람을 위한 신체적 플랫
폼을 제공하여 작품의 존재감과 개념을 확장하는 방식—을 중시하는
경향이 있다. 그래서 나의 많은 큐레이팅 프로젝트들(개중에서도 정
말로 중요한 것들)은 그 자리에서 이렇게 생각하는 것으로 시작된다.
왜 이 전시인가? 왜 하필이면 여기서? 지금? 나타내 보일 수 있는 어떤
의미가 이 장소에 존재하는가? 동시에, 나는 내가 다루는 미술 작품들
을 살아 있는 것으로서 이해한다. 이 일은 단지 새로운 작품이 탄생할
때뿐만이 아니라 기존 작품에 새로운 생명을 불어넣는 식으로도 일어
난다. 어떤 경우든 이는 작품이 어디로 갈지 작가가 상상하는 동안 작
가에게 귀 기울이며 준비 자세로 대기한다는 뜻이다. ‹미지에서 온 소
식›이 바로 그런 경우였다.

인정하건대, 시카고 예술대학의 설리번 갤러리는 어떤 면에서 의
외의 장소였다. 미술관도 아니고 국제적 위상을 갖추지도 않았고, 교
육적 임무를 띠고서 도시의 한 예술 대학 안에 숨어 있는 전시장이었
다. 잠재력은 공간이 훨씬 크다는 데 있었다. 약 2만 제곱피트 면적 전
체가 ‹미지에서 온 소식› 시카고 전시에 할애되었다. 아마도 더 중요
했던 건, 문경원과 전준호가 ‹미지에서 온 소식›에서 염두에 둔 예술
프로젝트로서의 목표와 시카고 예술대학의 기풍이 절묘하게 맞아떨
어진다는 것이었다. 둘 다 예술의 중요성을 믿었고 미래를 만들어 나
가는 예술가의 역할을 믿었다. 또한 둘 다 헌신적 작가 공동체 내에서
이루어지는 집단적 사유의 가치에 뿌리를 두고 있었다. 우리는 가치
있는 무슨 일을 하려면 실험이 필수임을 인식하고서 함께 여러 분야
를 넘나들며 연결 고리를 찾아보았다. 우리가 이 야심적인 과업의 과
정을 헤쳐 나가면서, 두 작가와 미술관이 같은 관심사, 같은 작업 방
법론, 그리고 무엇보다도 같은 가치를 구현하고 있음이 분명해졌다.

우리는 갤러리의 실제 공간에 현존하는 시카고의 역사를 짚는

《미지에서 온 소식: 시카고 실험실》 전시 전경, 2013,
설리번 갤러리, 시카고. 사진 © James Prinz

117

미지에서 온 소식: 시카고 실험실
메리 제인 제이컵

일부터 시작했다. 설리번 갤러리는 과거 '카슨, 피리, 스콧 앤드 컴퍼니' 백화점이었던 빌딩의 7층에 위치해 있다. 미국 모더니즘의 아버지로 여겨지는 루이스 설리번이 설계한 빌딩이다. '카슨, 피리, 스콧'은 현존하는 그의 가장 위대한 작품 중 하나다. 설리번 갤러리는 도시의 한 블록 전체를 차지하는 아주 넓은 수평 공간이었다. 시카고의 역사적 중심에 자리 잡은 이 갤러리에서는 진정한 건축 박물관이라 할만한 수직 구조물들의 파노라마가 내다보였다. 한편 헐벗은 공장 비슷한 내부 공간은 "형태는 기능을 따른다"는 설리번의 철학을 구현하며, 곧 모습을 갖출 첨단 기술의 현장과 결이 일치하는 기계적인 느낌을 주었다.

이런 역사적 맥락은 단지 출발점, 한 겹의 레이어에 불과했다. 문경원과 전준호는 갤러리 공간을 미래 세상에 투영하기 위해 이를 뒤집어엎고 획기적으로 변화시켰다. 그들은 이 도시의 정확한 지도적 중심에 자리 잡은 설리번의 그리드 계획에 저항함으로써 이를 성취해 냈다. 그들이 그리드 위에 겹쳐 놓은 결정 구조의 형태는 무럭무럭 성장하여 공간을 집어삼키고—설리번이 아르누보에 부치는 송가로서 건물 외부에 새긴 유기체적 형태들이 마치 돌연변이를 일으켜 풀려 나오기라도 한 것처럼—빌딩을 야금야금 갉아먹었다. 그것은 발밑에서부터 흐르기 시작하여 벽을 타고 올라가 천정에 가 닿은 뒤 계속해서 위층으로 올라가는 듯한 환상을 불러일으켰다. 이는 '타크람 디자인 엔지니어링'의 요네다 가즈가 독창적으로 착안한 디자인이었다. 작가들의 창안에 임하여 그는 모든 사람과 사물을 그 안에 종속시키는 몰입적 환경을 작동시키고자 했다. 원래의 건축물도 이에 호응했다. 설리번이 크게 잇대어 낸 창문들 덕분에 이 낯설고 불안정한 것이 갤러리 벽 너머로 뻗어 나가 마치 도시로 둥둥 떠내려가는 듯한 느낌을 주었다.

이렇게 마치 살아 있는 듯한 골조 속에서 새로운 공간들이 우후죽순 자라났다. 이것이 증대하여 두 작가의 협업자—타크람을 비롯하여 이토 도요오, 정구호, MVRDV, 츠무라 코스케—들이 보탠 작업물을 선보이기에 넉넉한 구역들이 생겨났다. 그들은 〈세상의 저편〉의 매

118

혹적인 관객 경험 또한 창조해 냈다. 그리고 이제는 여기에 또 다른 2 채널 필름 ‹비현현›(Avyakta)이 추가되었다. 이 계획은 유동적·불확정적·비선형적으로 열려 있다는 점에서 설리번의 질서와 대조를 이루었다. 그래서 프로젝트의 모든 측면들이 다른 측면으로 흘러 들어갔다. 예상치 못한 연결 고리들이 시야에 들어왔다가 슬그머니 사라졌다가 또 다른 형태를 띠고 다시 나타나면서 새로운 관계를 발견해 나갔다.

카셀에서 나를 그렇게 괴롭혔던 작가들의 책도 능동적인 요소가 되었다. 이 책은 두 작가가 존경하거나 미래에 대한 집단적 사유를 함께한 인물들과의 대화가 실린 만큼 여러 면에서 이 프로젝트 전체에 담긴 영감과 아이디어를 조명하고 있었다. 나는 이 책이 공간 속에서 존재감을 갖기를, 읽히기보다 경험되기를 바랐다. 2009년 설리번 갤러리에서 개최했던 이전 전시 «시카고, 현대를 만들다»(Chicago Makes Modern)가 영감을 주었다. 당시 오스트레일리아 작가 나렐 주벨린은 자기 프로젝트의 한 측면을 실행에 옮기기 위해 갤러리 창문을 커다란 투명 칠판처럼 활용하여 그 위에 흰 마커펜으로 글씨를 썼었다. 이제, 책에서 뽑은 몇몇 구절을 모든 창문에 흰색 활자로 가로세로로 꽉 차게 적어 넣음으로써 ‹미지에서 온 소식› 속의 목소리가 생명을 얻게 되었다.

‹미지에서 온 소식›은 전시 중에 학생들과의 협업 현장이 되기도 했다. 이는 앞으로 행해질 새로운 작업을 위한 살아 있는 실체이자 앞으로 펼쳐질 새로운 장이었다는 점에서 전시의 부제인 '시카고 실험실'에 의미를 부여해 주었다. 타크람의 디렉터 와타나베 고타로와 요네다 가즈는 이 대학 제품디자인과 학생들과 협업하여 워크숍 '극단적 일상성: 생필품의 재디자인과 재정의'(Extreme Ordinary: Redesigning and Redefining Vital Commodities)를 진행했다. 한편 정구호는 이 대학 의상디자인과 학생들과 협업하여 미래의 환경에 대처할 수 있는 생존과 편의를 위한 의복을 구상했다. 강연과 토론 프로그램도 있었다. 이토 도요오의 '3.11 이후의 건축'(Architecture After 3.11) 강연에는 1200명이 넘는 청중이 모여들었다. 특히 당시

119

이토의 (시카고에 본부를 둔) 프리츠커상 수상을 축하하기 위해 이 도시의 광범위한 건축인들이 열성적으로 참석했다. 이토는 두 작가와 일본과 시카고에서 온 초청자들과 함께 공개 포럼인 '아름다움에 대하여'(A Conversation on Beauty)에도 참여했다. 끝으로, 이 전시는 도시 관료와 리더와 학자 사이에서 시카고의 미래 디자인에 대해 진정한 실무적 논의가 이루어질 수 있는 생산적 배경이 되어 주었다.

설리번 갤러리가 이렇게 크게 변모한 적은 이전에도 없고 이후로도 없을 것이다. 이 대학의 전시 공간은 2020년 다른 곳으로 이전했다. 그러나 ‹미지에서 온 소식›은 한동안이나마 설리번이 설계한 랜드마크에서 이상적인 보금자리를 찾았다. 운 좋게도 그 품에 휩싸일 수 있었던 우리들에게, 건물의 안팎과 시간의 안팎으로 동시에 걸친 공간에 놓여 시시각각 변화하는 우리의 현재를 인식하기에 그보다 더 좋은 순간은 일찍이 없었다.

120

하이케 문더 두 분은 오랜 시간 공동 창작이란 개념 아래 작업해 왔습니다. '공동 창조'라는 용어는 경제 영역에서 대기업들의 새로운 작업 방식으로서, 즉 덜 위계적인 동시에 더욱 창의적인 결과물을 내놓는 방식으로 각광받았지요. 두 분이 여기에 긍정적인 의미를 더할 수 있겠지만, 자칫 신자유주의를 위한 새로운 길을 열어 줄 수도 있습니다.

문경원 & 전준호 현대 미술이 신자유주의와 맺는 관계를 외면하고 싶지는 않습니다. 우리 역시 덜 위계적인 것과 창의적인 결과물을 중요하게 여깁니다. 그러나 결정적인 차이가 있습니다. 우리가 궁극적으로 원하는 것은 더욱 창의적인 무언가가 아니라 그 '과정'을 이어 나가는 것입니다. 무언가 창의적인 결과물을 전시함으로써 우리가 지금껏 던져온 질문에 대한 답이 찾아질 리 없기 때문입니다. 그렇다고 '더욱' 창의적인 결과물을 내놓는다고 해결되는 문제도 아닙니다. 맹목적인 결과 추구와 효율성을 강조하는 대기업의 생존 방식과는 다를 수밖에 없습니다.

다른 분야의 전문가들과 협업하면서 어떤 어려움이 있었나요? 문화나 취향의 차이에서 오는 문제들… 예컨대 취리히에서 협업한 UTT(Urban Think Tank)는 세계 도처의 빈민가를 대상으로 더 나은 삶을 만들기 위해 노력해 온 건축 집단인데 협업이 쉽지는 않았을 것 같습니다.

협업은 언제나 쉽지 않습니다. 여러 사람이 모여 하나의 결과물을 만든다는 것 자체가 힘든 일이지요. 그러나 우리 프로젝트의 가장 중요한 정체성이 거기에서 나온다고 생각합니다. 특정 전문 분야나 대상보다는 〈미지에서 온 소식〉이 제안하는 문제의식에 대해 상호 공감하고, 그 다름에 대한 이해와 협의를 겪는 과정이 중요합니다. UTT의 경우, 기념비와 스펙터클을 지향하는 현대 건축계의 풍토를 거부하는 그들의 태도가 우리 프로젝트와 잘 부합했고, 많은 만남과 논의 끝에 두 개의 모바일 아고라를 만들었습니다. 하나는 자전거를 응용한 운동성과 이동성이 강조된 형태로 취리히를 돌아다니며 게릴라식 퍼포

THE MOBILE AGORA

모바일 아고라 콘셉트 드로잉, 2015. © UTT

121

먼스를 벌였고, 다른 하나는 좀 더 건축적인, 하지만 역시 바퀴가 달려 모바일 개념을 드러낸 형태였는데 둘 다 만족스러운 작업이었습니다.

다른 사람들의 지식에 다가가거나 그것을 받아들이는 방식에서
지난 10년 동안 달라진 점이 있다면 무엇인가요?
처음과 달라진 점이라면 좀 더 빈틈을 많이 남겨 두게 됐다는 것입니다. 이상하게 들릴 수도 있지만, 반대로 협업자들이 채울 수 있는 여지가 더 많아졌다고도 할 수 있습니다. 더 열심히 그들의 목소리를 듣고, 우리가 제공하는 특정 상황이 제약이 되지 않도록 배려하게 된 것 같습니다. 그에 따라 이 프로젝트의 주체가 누구인가에 대한 생각도 달라지고 있습니다. 우리의 개입 의지를 줄이고 협업하는 분들의 평소 작업 태도와 철학이 반영된 결과물이 나오도록 하는 것이 중요하다고 생각합니다.

미래의 시나리오를 공동 창작하는 데는 어떤 한계가 있을까요?
비인간도 그런 공동 창작의 주체가 될 수 있을까요?
물론입니다. 현재의 기후 위기와 팬데믹이 인간 중심의 사고방식에서 비롯한 사태라는 것은 이제 더 이상 부정할 수 없는 사실입니다. 특히 동물이나 자연과 맺는 관계가 바뀌지 않는 한 우리를 기다리는 건 파국이기 십상이지요. 우리가 겪고 있는 현시대의 경험이 앞으로 어떻게 작업으로 이어질지 미지수이지만 머지않아 예술에 있어서도 새로운 형태, 혹은 관계를 띠는 협업이 등장할 것입니다.

취리히에서 만든 모바일 아고라와 이번에 MMCA 전시에서
선보이는 모바일 아고라의 차이는 무엇입니까?
MMCA와의 인터뷰에서도 말한 바 있지만, UTT와 만든 모바일 아고라가 중립국으로서 스위스, 그리고 전시가 열린 미그로스 현대미술관의 역사에서 파생된 이동성 개념이 강조된 작업이었다면 이번에는 세계 유일의 분단국가이자 여전히 휴전 상태인 한국의 정치적 특수성이 반영되어 있습니다. 한국의 이동식 마루인 '평상'에 착안해 제작된 모

‹모바일아고라› 전시 전경, 2015, 미그로스 현대미술관, 취리히. ©UTT

하이케 문더와의 대화
문경원 & 전준호, 하이케 문더

바일 아고라는 마치 군수품이 든 상자처럼 분쟁 지역으로 위장 잠입한 후 화해와 평화를 제안하는 장을 펼치기에 알맞은 형태와 기능을 띠고 있습니다.

> 전시 오브제로 재현된 모바일 아고라가 함축하는 '이동'의
> 개념은 무엇인가요? 어떻게 전시 공간의 물리적 한계를 넘어
> 해석될 수 있을까요?

이동은 멈춰 있지 않다는 의미입니다. 안주하지 않고, 모험을 강행하고, 새로운 사람을 만나고, 다른 형태로 변하는 것은 우리 프로젝트에서 매우 중요한 개념입니다. 한편으로 우리에게는 장소성이 중요합니다. 이곳이 그곳이라는 상징성은 예술의 상징성과 일맥상통합니다. 단순히 기념비가 아니라 우리가 제안하는 상상을 경험하게 해 주는, 발을 디딜 수 있는 토대 같은 것입니다. 지금은 자유에 마을에 갈 수는 없지만, 언젠가 갈 수 있게 되면 언제든 놓을 수 있는 작은 돌멩이 같은 것이 필요합니다.

하이케 문더와의 대화
문경원 & 전준호, 하이케 문더

그래, 정말 그렇다!
그리고 내가 본 것을 다른 사람들도 볼 수 있다면,
그것은 꿈이 아니라 비전이라고 불릴지도 모른다.
—윌리엄 모리스,『미지에서 온 소식』, 1890.(1)

나의 미래가 다른 세상을
보여 줄 것이다
타마르 헤머스
(테이트 리버풀, 큐레이터)

‹이례적 산책› 스틸, 2018, 단채널 비디오, 컬러, 사운드, 10분 40초. 로열 앨버트 독과 테이트 리버풀이 보인다.

뿌연 흙탕물이 흐르는 머시강 둑에 리버풀의 로열 앨버트 독이 세워져 있다. 그 진한 붉은 벽돌은 이 도시의 번영했던 역사를 보여 준다. 한때 농부와 어부들이 사는 작은 촌락이었던 리버풀은 18세기 대서양 횡단 무역과 노예 경제에 힘입어 무섭게 성장했다. 1800년 초에는 전 세계 교역량의 40퍼센트가 이 도시를 거쳐 갔다. 이러한 상거래의 폭발적 성장을 더욱 촉진하기 위해 건축가 제시 하틀리가 앨버트 독을 설계했다. 1846년 개장한 이 독의 특수 목적 창고와 첨단 유압 기계는 화물을 짧은 시간에 싣고 내릴 수 있도록 고안되었다. 하지만 부두가 세워짐과 거의 동시에 거래선이 끊기기 시작했다. 대세는 증기선으로 빠르게 교체되었는데, 범선을 염두에 두고 설계된 이 부두는 훨씬 큰 증기선을 수용하기에 부적합했던 것이다. 수십 년간 이곳은 도시의 과거를 증언하는 유령으로서 사실상 버려져 있었다.

　하지만 1980년대에 부두가 재건되면서 그 용도가 바뀌었다. 현지인과 관광객 들은 과거 화물 창고였던 레스토랑에서 식사하고, 전 세계의 배들이 모여들던 물 위에서 노를 젓고, 그 배들이 정박했던 자갈길을 산책한다. 그들이 이제 테이트 리버풀의 보금자리가 된 창고 앞에서 발길을 멈춘다면 한 맨홀 뚜껑에 눈길이 스칠 수도 있을 것이다. 자칫하면 못 보고 지나치기 십상이다. 이 풍화된 주철 덮개는 주변의 것들만큼 낡아 보이며 거기 새겨진 메시지도 과거의 글귀처럼 보인다. 사실 이 덮개는 2018년 문경원과 전준호가 «미지에서 온 소식» 전시의 일환으로 거기 놓아둔 것이다. 그 위에 새겨진 문구는 다음과 같다.

(1) 윌리엄 모리스,『에코토피아 뉴스』, 박홍규 옮김(서울: 필맥, 2008년), 351—옮긴이.

나의 미래가 다른 세상을 보여 줄 것이다
타마르 헤머스

"나의 미래가 다른 세상을 보여 줄 것이다."

예술의 사회적 기능과 역할을 탐색하던 작가들은 윌리엄 모리스가 1890년에 쓴 책『미지에서 온 소식』에서 영감을 받았다. 이 책의 제목은 그들의 프로젝트 제목이기도 하다. 이 이야기에서 모리스는 주인공 윌리엄 게스트를 위한 유토피아적 미래를 상상했다. 그는 200년 후의 미래 세계에서 깨어나게 된다. 이 미래상에서 빈곤과 불평등은 제거되어 있다. 혼란과 혁명의 시기가 끝난 뒤, "굴뚝이 연기를 토해 내는" 도시와 산업 경관은 깨끗하고 평화로운 자연에 자리를 내주었다. 자본주의 사회가 가고 땅으로의 복귀가 돌아왔다. 이 책은 모리스가 주창한 미술공예운동의 이상을 반영하고 있다. 산업주의의 악영향에 맞서려는 열망에서 탄생한 이 운동은 공예와 실용적 기술에 중점을 둔 더 단순한 생산 방식으로의 복귀를 주장했다.

테이트 리버풀에서 열린 문경원과 전준호의 전시는 모리스의 작품에 담긴 중심 주제를 현시대의 관점에서 재구성하여, 우리의 행동이 어떤 영향을 끼치며 우리 미래에 어떻게 반영될지에 대해 중요한 질문을 던졌다. 전시의 중심에 놓인 필름은 인류가 대대적 기후 변화로 인한 위험에 직면하여 어떻게 대응할지, 현 사회 정치 시스템이 미래에도 유효할지와 같은 이슈를 제기했다. 또 다른 차원에서, 이 전시의 작품들은 어떻게 유토피아적 이상이 어떤 문제의 근본 원인은 건드리지 않은 채 지각을 조작할 수도 있는지를 탐색했다. 미술공예 양식이 연상되게끔 의도적으로 장식적 미관을 부여한 맨홀 뚜껑에 대해 문경원과 전준호는 이렇게 말했다. "이것은 우리의 문명 발전을 함축한다. 도시화의 필수 요소인 지하의 하수도를 시야에서 감추는 것이 맨홀 뚜껑의 기능이기 때문이다. 맨홀은 우리 사회에서 우리가 보고자 하는 것과 보기를 꺼리는 것 사이의 분리를 물리적으로 은유한다." ‹우주에서 온 색채›(The Colour Out of Space)는 형광 핑크색 조명으로 전시장을 둘러싼 설치물인데, 이 또한 비슷하게 이상화된 현실을 제시하기 위해 사용되었다. 이는 한국의 정육점에서 고기가 더 신선하고 먹음직스럽게 보이게끔 LED 조명을 쓰는—영국에서는 불법

126

인—관행을 참조한 것이다.

전시 기간 내내 깊게 우르릉거리는 종말의 소음이 건물 주위에 울려 퍼지며 관람객과 스태프 모두에게 공포감을 불어넣었다. 영상 〈세상의 저편〉의 시작을 알리는 소리였다. 한 남자가 난롯불을 들여다 본다. 오렌지색 빛이 그의 얼굴을 비춘다. 금속이 으스러지고 유리가 깨지는 천둥 같은 소리가 울리며 화면이 흔들린다. 종말이 펼쳐지는 가운데 그는 운명을 받아들이는 듯이 눈을 감는다. 이와 동시에, 미래 지향적 복장을 한 여성이 살균된 순백의 연구실로 순간 이동하여 들어온다. 21세기 말을 배경으로 한 〈세상의 저편〉은 종말 전후의 삶과 그 안에서 예술이 수행하는 역할을 그리고 있다. 둘로 나뉜 스크린은 관람객에게 두 개의 시점을 제시한다. 한 시점에서는 예술에 헌신하는 한 남자가, 마치 다가오는 전 지구적 재앙의 위협에서 도피하려는 듯 신작을 위한 재료를 수집하는 데만 정신을 쏟고 있다. 또 다른 시점에서는 한 여자가 먼 과거의 유물들을 세심히 조사하고 분류한다. 우리 시대의 흔한 물건들이지만 그녀에게는 생소해 보인다. 그녀는 재앙에서 살아남은 소수의 집단을 기반으로 형성된 새로운 문명의 일원이다.

창밖을 내다보는 남자의 눈에 폐허가 된 거리가 보인다. 길에 버려진 자동차들, 먼지로 뒤덮인 아스팔트와 그 주변의 건물들. 그와 동시에 여자는 방호복 없이 안전한 연구실 밖으로 나가지 말라는 경고를 받는다. 버려진 물건들로 가득 찬 카트가 덜덜 굴러 시야에 들어온다. 카트 위에는 개가 누워 있는데 움직이지 않고 죽은 듯이 보인다. 남자가 소파에 주저앉는다. 그는 희망이 없고 이제 철저히 혼자다. 그가 새로운 예술 작품을 조립하기 시작할 때, 여자는 알 수 없는 물건을 조사한다. 그것이 "자연물이 아니고 의도적으로 조합되었으며 열매와 같은 딱딱하고 투명한 성분의 구성체가 일정한 간격으로 연결되어 있다"고 보고한다. 불현듯 뭔가를 감지한 그녀는 벽에 대고 귀를 기울인다. 그녀가 버려진 방에 들어가 어둠 속을 둘러보자 남자의 집이 눈앞에 서서히 모습을 드러낸다. 그는 간데없지만 그녀는 그가 남긴 예술 작품의 잔재를 발견한다. 그의 시간대에서 그가 작업에 열중

〈나의 미래가 다른 세상을 보여 줄 것이다〉 설치 전경, 리버풀, 2018, 주철, 66.5 x 66.5 x 58 cm.

나의 미래가 다른 세상을 보여 줄 것이다
타마르 헤머스

〈세상의 저편〉 스틸, 2012, 2채널 비디오, 컬러, 사운드, 13분 30초.

하고 있을 때 남자의 등 뒤에서 색색의 꼬마전구들이 반짝인다. 그때 여자 옆에 놓인 전구가 깜빡이고 그녀의 눈이 휘둥그레진다. 남자가 다시금 창밖의 황폐한 풍경을 내다볼 때, 우리는 눈을 감은 채 꼬마전구를 머리에 두르고 전에는 느껴 보지 못한 감정을 느끼며 서 있는 여자의 모습을 본다. 연구실을 떠날 채비를 하던 그녀가 뒤돌아본다. 마치 감동적인 뭔가를 보고 있는 듯 그녀의 눈에 눈물이 고인다. 남자의 집이 버려진 채 놓여 있을 때 개 한 마리가 천천히 화면 안으로 걸어 들어온다. 아까 남자가 밀고 들어온 카트 위에 죽은 듯이 누워 있던 그 개다. 여자의 목소리가 들린다. "나는 그 순간을 잊지 못한다. 그때부터 나의 삶은 달라졌다. 지금 나는 다른 세상을 꿈꿀 수 있다. 이것이 어떻게 함께할지는 나의 미래가 보여 줄 것이다."

이 장면들은 분리된 두 시간대에서 출발한다. 하나는 우리에게 좀 더 친숙한 시간대이고 다른 하나는 잠재적 미래상이다. 영상이 진행되면서 둘 중 과연 어느 쪽이 유토피아의 상인지 의문스러워진다. 여자의 대사는 문경원과 전준호의 맨홀 뚜껑에 쓰인 글귀를 반향한다. 이 말은 우리가 아는 세상의 끝이 새로운 시작을 제시할 수도 있음을 암시한다. 개의 부활 또한 새로운 시작을 상징한다. 하지만 분명해진 것은, 반드시 유지되어야만 하는 우리 사회의 필수 요소가 있으며 예술이 아주 중요한 대화를 촉진한다는 것이다.

〈이례적 산책〉(Anomaly Strolls)은 전통적인 영국식 펍의 친숙한 온기와 더불어 시작한다. 손님들이 바에서 맥주 한잔을 즐기며 서로 어울리고 있다. 카메라가 뒤로 물러나며 빈 맥주잔 하나가 시야에 들어온다. 불현듯 맥주잔이 움직여 마치 보이지 않는 손에 밀쳐지듯 작은 테이블 위를 스르르 미끄러진다. 슬롯머신의 기계음이 들리고 그 형형색색의 이미지들이 뒤에서 깜빡이는 조명을 받아 빛난다. 오래된 그림과 액자에 넣은 지도와 비틀스의 이미지 등이 벽에 걸려 있다. 이 보이지 않는 존재는 펍의 손님들이 마치 같은 현실의 일부가 아닌 것처럼 전혀 들키지 않고서 그들 사이를 누비고 다닌다. 문이 삐거덕 열리고 거리로 나오니 카트 한 대가 기다리고 있다. 거기서부터 이 보이지 않는 존재는 버려진 도시를 조용히, 익명으로 돌아다닌다.

128

나의 미래가 다른 세상을 보여 줄 것이다
타마르 헤머스

이윽고 카트가 멈춘다. 땅바닥에 색색의 꼬마전구가 보인다. 〈세상의 저편〉의 남자 주인공이 이곳까지 찾아온 것이다. 리버풀 거리 장면에 삽입된 직조기는 시간과 공간의 직조를 은유하는 구실을 한다. 아직 종말이 닥치기 전의 이른 시기이지만, 버려지고 허물어지고 일부는 전쟁으로 파괴된 건물들로 볼 때 그는 여기서도 파국을 향한 점진적 퇴락을 목격하고 있는 것 같다. 카트가 유서 깊은 도심으로부터 길을 따라 움직여 오래된 부두의 도로에 접어들기까지, 가면 갈수록 거리는 텅 비어 간다. 그칠 줄 모르는 바닷바람에 먼지와 쓰레기가 흩날리는 거리는 남자가 그의 시간대에 그의 집에서 내다보았던 풍경과 조응한다. 건물들이 버려진 채 놓여 사람이 아니라 잡초의 보금자리가 되어 있다. 비록 이 영상에서는 보이지 않지만, 〈세상의 저편〉의 남자는 여기서도 고립감과 고독감을 불러일으킨다.

도시의 이 구역들은 작은 촌락이던 리버풀이 세계 해상 무역의 허브로 성장하면서 한때 번영을 누렸다. 현대적 기술의 발전으로 부두가 배를 대기에 부적합해지자 항구의 활동이 급격히 쇠퇴했고, 많은 일자리가 사라지며 전체 주민에게 타격이 미쳤다. 새로 지어진 부두는 〈이례적 산책〉의 한 장면에 뒷배경으로 등장한다. 거대한 크레인의 괴물 같은 팔이 고철을 집어 옮기는 이 장면은 모리스가 묘사한 오염된 산업 경관을 연상시킨다. 이 재활용 고철들은 필름이 상영되는 스크린을 둘러싼 조각품을 만드는 데 활용되어, 평소 도심의 변두리에서 눈에 안 띄게 옮겨지는 폐자재들을 자랑스럽게 전시하고 있다. 〈이례적 산책〉은 카트가 마치 예술품을—그와 더불어 남자가 거쳐 온 다른 시간대의 기억을—배달하기라도 하듯 앨버트 독의 테이트 리버풀에 도착하면서 끝이 난다. 그는 오늘날의 사회에서 보이지 않는 이들, 목소리를 갖지 못한 이들을 대변하는 상징인 듯하다.

〈이례적 산책〉 스틸, 2018, 단채널 비디오, 컬러, 사운드, 10분 40초.

테이트 리버풀에서는 공개되지 않았지만, 〈세상의 저편〉의 여자 주인공과 필름 〈자유의 마을〉(Freedom Village) 사이에서 유사성을 끌어내 볼 수 있다. 〈자유의 마을〉은 문경원과 전준호의 신작 프로젝트의 전신에 해당하는 작품이다. 대성동에 대한 조사에 기반한 이 필름에도 비슷하게 실험실에서 일하는 주인공이 등장한다. 그가 방

129

나의 미래가 다른 세상을 보여 줄 것이다
타마르 헤머스

에 들어가기 전에, 그의 장비에서 나는 부글거리는 소음이 여러 시계가 째깍거리는 듯한 소음과 뒤섞이며 다시금 시간의 중첩을 암시한다. 그는 축소 모형 집을 만들고 있는데, 한 버려진 마을에서 누군가 외로이 땅바닥을 비질하는 이미지가 장면 중간중간에 삽입된다. 갑자기 실험실에 고압 전류가 흐르면서 우리는 한국전쟁의 장면들을 마주하게 된다. 불타는 건물과 집단 매장지, 해변의 임시 천막에서 생활하는 피난민들을 찍은 기록 화면이 나온다. 그리고 일명 '자유의 마을'인 대성동의 유토피아적 정경을 제시하는 화면으로 전환된다. 이 마을이 위치한 비무장지대는 한반도를 가르는 북한과 남한 사이의 완충 지대다. 전쟁 전부터 이 마을에 살았던 사람들과 그 자손들만 거주 허가를 받을 수 있다. 한국의 다른 지역으로부터 고립된 이 마을 사람들의 가장 가까운 이웃은 대성동에 대응하는 북한 측 마을인 기정동에 사는 사람들이다. 기정동에는 아이러니하게도 '평화의 마을'이라는 이름이 붙어 있다. 우리가 실험실로 되돌아왔을 때, 그 모형 집은 대성동의 집들이었음이 명백해진다. 미니어처 크기로 줄어든 남자가 이 집들 사이를 걷는다. 필름은 다시금 그 버려진 마을에 혼자 고립된 채 땅바닥을 외로이 비질하는 인물을 보여 주며 끝이 난다.

　　문경원과 전준호의 작업을 통해 분명해지는 건 시간이 순환적이라는 것이다. 〈이례적 산책〉의 남자 주인공이 시공간 너머로 여행할 때, 그는 우리를 파국으로 이끄는 거듭된 과오들을 말없이 지켜본다. 로열 앨버트 독에서 채 2마일도 떨어지지 않은 곳에 클래런스 독이 있다. 이것도 비슷하게 제시 하틀리가 설계했지만 오래 전에 버려졌다. 여기는 1840년대에 대기근으로 인한 굶주림을 피해 아일랜드를 떠나온 이주민 130만 명이 상륙한 곳이다. 이곳에 머무른 이들은 리버풀 사람들에게 오래도록 경원시되었고 질병이 창궐하는 지하실에 숨어 살았다. 좀 더 최근에 온 이주민들은 그보다도 더 멀찍이 경원시된다. 분쟁과 고초를 피해 자국을 떠나온 이들은 영국에 건너갈 기회를 잡으려는 희망으로 칼레의 난민촌인 속칭 '정글'에 모여들었다. 칼레에서는 도버의 흰 절벽이 건너다보이지만—40킬로미터밖에 안 떨어져 있다—난민촌은 고립 속에 놓인 '자유의 마을'을 연상시켰다. 이

130

나의 미래가 다른 세상을 보여 줄 것이다
타마르 헤머스

사람들에게는 이 정도 거리도 거의 비무장지대의 중무장한 철책만큼이나 넘기 힘든 장애물이다. 대성동 주민이 기정동에 가 닿을 수 없듯 이들도 영국에 가 닿을 수 없다. 서양 문화에서는 시간이 직선으로 전진한다고 보지만 글로벌 정치는 순환적으로 맴돈다. 시대에 뒤떨어진 정치 사회 시스템이, 작동 불량이건 말건 몇 번이고 재활용된다. 역사는 반복되고 우리의 역사는 우리의 현재이자 미래다.

윌리엄 모리스에 대해 강연한 바 있는 T. S. 엘리엇은 그의 연작시 「사중주 네 편」(Four Quartets)에서 이렇게 썼다.

우린 탐험을 멈추지 않으리
또 우리 모든 탐험 끝에
우리 시작한 곳 도달하여
그곳을 처음으로 알게 되리.
알지 못한, 기억나는 문을 지나
지구의 발견 못 한 마지막 땅이
태초부터 있었던 그것일 때,
가장 긴 강의 발원지에
숨겨진 폭포의 목소리
또 사과나무에 있는 아이들
알려지지 않은, 찾지 않았기에
하지만 들려, 반쯤 들려, 침묵 속에서
바다의 두 파도 사이에서.(2)

이 시에서 엘리엇은 진보를 향한 인간의 강박이 궁극적으로 다다를 종착지를 상정하고 있다. 그리고 문경원과 전준호의 작업에서도 비슷한 우려가 제기된다. 유토피아가 생각했던 것과 같지만은 않으며, 우리의 시스템은 끊임없는 심문의 대상이 되어야 하고, 우리는 창조와

(2) T. S. 엘리엇, 『사중주 네 편』, 윤혜준 옮김(서울: 문학과지성사, 2019년), 140—옮긴이.

나의 미래가 다른 세상을 보여 줄 것이다
타마르 헤머스

'미지에서 온 소식' 서점, 리버풀. 사진 ©문경원 & 전준호.

개선을 위해 계속 노력해야 한다는 것이다. 검토를 생략한 거침없는 진보는 우리 과거와 현재의 과오를 되풀이한다. 두 작가의 작업은 이렇게 반드시 필요한 대화를 촉구하여 우리에게 인간성을 환기시키며 〈세상의 저편〉의 여자 주인공처럼 느끼고 염려할 것을 간청한다. 문경원과 전준호는 리버풀에서 이런 이상을 공유하는 도시를 발견했다. 한 부유한 노예 상인의 이름을 딴 거리인 볼드 스트리트에 가면 1974년 설립된 비영리 급진 공동체 서점을 찾아볼 수 있다. 이 서점의 이름은 '미지에서 온 소식'(News From Nowhere)이다. 여성 노동자 협동조합이 공동으로 운영하는 이곳은 페미니즘, 반인종주의, LGBT+, 장애인 권리, 환경과 지속 가능성, 반자본주의 등의 주제에 집중하고 있다.

모리스의 『미지에서 온 소식』에 나오는 주인공 윌리엄 게스트는 2090년의 영국으로 여행하여 거기서 마주한 평등하고 정의로운 사회에 대해 반추해 본다. 문제는 우리가 소설에서 묘사한 유토피아적 이상에 다다르기에 앞으로 70년이 과연 충분한 시간일지다. 우리에게는 사람들에게 목소리를 찾아주고 가장 절실한 때에 그 목소리를 전달할 예술 작품과 책이 필요하다.

어쩌면 그때, 우리의 미래가 다른 세상을 보여 줄지도 모른다.

나의 미래가 다른 세상을 보여 줄 것이다
타마르 헤머스

문경원과 전준호는 2007년부터 공동으로 작품을 선보이기 시작하여 이후로 수많은 전시에 참여했다. 두 작가의 많은 협업 프로젝트 가운데 가장 중요한 것이 현재도 진행형인 〈미지에서 온 소식〉이다. 1890년 윌리엄 모리스가 집필하여 사회주의동맹 기관지 『커먼윌』(commonweal)에 발표한 연재물에서 그 제목을 따온 문경원과 전준호의 작업은, "예술가의 눈으로 바라본" 세계의 상태를 그들이 설정한 플랫폼에서 보여 주고 그것을 학제적 방식으로 검토, 비평하려는 시도다. 이 현대판 〈미지에서 온 소식〉이 독특한 부분은 그 구조에 있다. 여기서는 허구의 "윌리엄 게스트"—즉 문경원과 전준호—가 등장하여 건축가, 혁신가, 디자이너, 큐레이터, 과학자, 교육자, 의사, 음악가, 신학자 등 다양한 분야의 전문가들에게 질문을 던지고, 이어지는 대화를 통해 처음 던진 질문에 대한 해답을 얻는다. 일례로 타크람이 구상한 〈셰누: 하이드롤레믹 시스템〉(Shenu: Hydrolemic System)은 일련의 제품을 제안하는데, 그중 하나는 인체의 생존에 필요한 물의 양을 최소화하기 위해 개발한 인공 장기로, 미래 지구의 어느 황량하고 황폐화된 지역에서 사용할 물병이라는 테마에서 착안한 것이다. 미래주의적 디자인을 빌려 오긴 했지만 실제로 〈셰누: 하이드롤레믹 시스템〉은 불안정하고 불확실한 오늘날의 세계에서 우리 모두가 공유하는 도전에 대해 말하고 있다. 〈미지에서 온 소식〉 프로젝트에 수반된 여러 연구와 창작 과정은 영상과 책으로부터 워크숍, 토론, 설치 작업에 이르기까지 다양한 미디어를 통해 공유되며, 물리적 실체가 없는 웹사이트와 같은 사이버 공간 또한 윌리엄 게스트의 질문에 기반한 갖가지 관점과 시각이 어우러지는 새로운 공간으로서 펼쳐진다.

모리스의 책 제목 '미지에서 온 소식'(News from Nowhere)은 일본에서 "유토피아 소식"이라고 번역되었다. 하지만 주의 깊게 읽어 보면, 이 텍스트가 오늘날 텍스타일 디자인으로 더 유명한 인물이 상상해 낸 어떤 이상 세계의 모습이 아니라는 것을 알 수 있다. 오히려 반대로 이 책은 인간 사회의 꼬이고 뒤틀린 측면들을 매우 현실적인 관점에서 꼬집으며, 프롤레타리아트를 해방시키고 예술을 삶에 통합시키려면 가장 근본적인 차원에서의 사회 변화가 요구된다는 생각을

프로젝트: 미지에서 온 소식—
비전의 공유를 향해
히로미 구로사와
(가나자와 21세기 현대미술관, 수석 큐레이터)

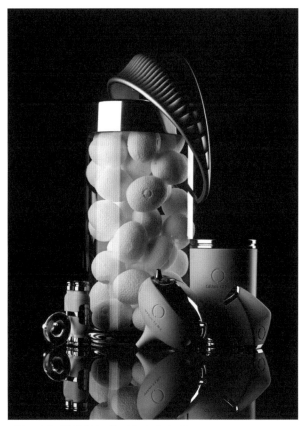

〈셰누: 하이드롤레믹 시스템〉, 2012. © 타크람

문경원 & 전준호 외, 『미지에서 온 소식』(서울: 워크룸 프레스, 2012년).
사진 © 박정훈.

분명히 밝히고 있다. 문경원과 전준호로 말하자면, 그들이 예술가들의 아이디어를 끌어 모으는 것은 어떤 낭만적인 유토피아나 디스토피아의 관념을 강화하기 위해서가 아니다. 모리스의 시대로부터 100여 년이 경과한 21세기에, 그들은 향후 100년을 위한 새로운 비전을 출범시키는 동시대성의 강렬한 아우라로 무장하고서 프로젝트와 대결하고 있다.

〈미지에서 온 소식〉 프로젝트의 출발점이자 플랫폼 구실을 하는 영상 작업 〈세상의 저편〉은 2012년 도쿠멘타 13에서 처음 상영되었다. 세상이 끝날 때 마지막으로 남은 생존자인 한 남성 예술가가 왼쪽 스크린에 '과거'로서 투영되고, 동시에 오른쪽 스크린에서는 '미래'를 대표하는 한 여성 예술가가 고대 세계의 문명에 대한 연구를 수행하며, 이 둘이 결합하여 세상의 종말과 그 여파를 그려 낸다. 우리 관람객은 과거와 미래를 연결하는 존재로서 문경원과 전준호의 초대를 받아 그 둘 사이에, 즉 '현재'에 서 있다. '미래'의 여성은 남성이 만든 작품의 흔적을 통해 '과거'와 접촉하게 되고, 우리는 거의 완전한 시간적 단절이 있은 이후로 그녀가 수집한 물건들(크리스마스 전구)의 의미가 망각되었음을 알게 된다. 하지만 이 희미하게 깜빡이는 불빛이 사라져 가는 인류의 흔적을 암시하는 것일까, 아니면 새로운 희망의 신호일까? 현재가 실제 과거와 미래 사이의 공간을 메우고 있다면, 우리는 바로 지금 인류의 생존 자체를 위협하는 문제—환경 파괴—와의 연결을 고려해야만 한다. 유한한 에너지와 자원, 파괴되는 산호초, 온난화로 상승하는 해수면, 미세 플라스틱, 그 밖의 온갖 인간 활동이 결합하여 지구를 황폐화하는 현실은 인간 중심주의의 한계를 보여 준다. 20세기에 정점을 찍었던 문명 세계의 급격한 쇠퇴는 더 밝은 미래에 대한 희망을 짓밟는다. 〈세상의 저편〉에서는 호모 사피엔스의 종말과 세계 종말의 암묵적 동일시를 엿볼 수 있다.

현대 미술의 수행은 금세기 초 이후로 모종의 중대한 변화를 겪었고, 이 변화는 미술관이라는 사회 기관에도 적용된다. 미술품의 수집과 전시를 위한 장소로부터 미술품을 통한 대화와 창작, 그리고 지역 사회와의 보다 직접적인 연결을 위한 장소로 역할을 쇄신해야 한

134

프로젝트: 미지에서 온 소식─비전의 공유를 향해
히로미 구로사와

다는 기대가 높아진 것이다. 그리고 어떤 고전적 테크닉이나 재료나 형태를 취하든 사회의 감춰진 측면과 도전에 진지하게 응하는 주제와 개념이 권장된다. 이런 방향성은 예술가의 눈을 통해 과거로부터 배우고 미래에 대한 대화에 참여하고자 하는 관람객의 열의와도 부합한다. 문경원과 전준호의 ‹미래에서 온 소식›은 이러한 흐름을 구현하며 정직한 선의의 예술이 발휘할 수 있는 기능에 신뢰를 보내고 있다. 여기에는 기정사실로서의 작품을 공유하는 장소로서보다 실험과 피드백이 계속되는 장소로서의 미술관에 대한 질문도 포함된다. 더욱이 코로나19로 물리적 이동이 제한된 지금, 신기술의 도입이 예술의 표현 영역을 확장시키는 것은 당연한 수순이다. 다른 소재와 미디어가 개념의 현실화를 도울 것이니만큼, 문경원과 전준호가 이전에 제시한 아이디어의 상당수는 보다 실체를 갖춘 프로젝트로 발전할 잠재력이 있다. ‹미지에서 온 소식›이 개방적으로 접근 가능한 플랫폼이라면, 이론적으로 전 세계의 사람들이 이 프로젝트에 참여할 수 있을 것이다. 여기서 문경원과 전준호는—말 그대로의 협업을 통해—사람들에게 미래에 대한 그들의 책임을 물을 것이다. 즉 미래가 지금 여기 있으며 너와 내가 무엇을 어떻게 생각하느냐에 그 미래가 달려 있음을 강조할 것이다.

　이제 인간 중심주의에 대한 비판은 현대 세계의 우리에게 익숙해진 근대화의 준거 틀을 심각하게 뒤흔들기 시작했다. 유전자 편집과 AI 같은 신기술의 도래는 예술의 표현 영역을 확장하고 그 복잡성을 증대시킬 것이다. 블록체인 같은 기술은 사이버 공간에서 지식의 축적을 민주화하는 효과를 발휘한다. ‹미지에서 온 소식›의 포럼에서 공유된 제안들은 전시 미디어로부터 시작하여 다양한 미디어를 통해 교류될 것이다. 프로젝트가 계속되는 한, 이런 아이디어들은 이 프로젝트의 접근 가능한 플랫폼에 축적될 것이다.

　오늘날의 세계에 사는 우리는 우리의 생각과 경험을 공적인 공간에 전송하여 공유하고 기여할 필요가 있다. 우리는 경직된 이데올로기나 단일한 우주론에 기반한 전통적 규칙을 고집하기보다 다양한 목소리가 자유로이 발언될 수 있는 공간을 필요로 한다. 우리의 행성

135

지구를 미래로 순항시키기 위해 해야 할 일을 묻는다면, 사람들의 의견이 반영되는 공간, 우리가 서로에게 응답하고 함께 창조할 수 있는 공간이 필요하다고 말할 수 있을 것이다. 공적 대화를 통한 의사 결정과 창조적 이니셔티브가 실행되기 위해서는 민주적 방식을 위한 공간—어느 특정한 문명 문화나 독특한 전통을 반영한 체제들의 외부에 발현되는 그런 종류의 공간—이 필요하다. 〈미지에서 온 소식〉 프로젝트는 우리의 가장 시급한 위기에 대처하기 위해 예술이 해야 할 공적인 역할을—미술관이 하는 것처럼—수행할 목적으로 구축된 하나의 예술적 인프라스트럭처라 할 수 있다. 게다가 이는 누구나 접근할 수 있는 사이버 공간처럼 항시 공공에 개방되어 있다. 이 프로젝트는 애초에 정해진 형태가 없이 무한히 퍼져 나가며 확장하는 플랫폼으로서, 사회적 기술의 활용을 극대화하는 다채롭고 제약 없는 사이버 공간으로 전환될 엄청난 잠재력을 지녔다.

과거의 예술품들이 재혼합되어 미래에 새로운 예술품으로 재탄생하더라도 그것은 반드시 현재의 연장이어야 한다. 과거에 대한 응당한 존중과 배려가 있다면 노소를 막론한 모두가 미래를 위한 공동의 창조에 열심히 참여할 가능성이 높아질 것이다. 과거에 대한 참조의 관점에서 볼 때, 축적된 지식은 공공재로서 개방적으로 유지되어야 한다. 이 부분에서 전통적 '미술관'의 존재는 지금까지 큰 역할을 해 왔다. 이제부터 할 일은 비물질적이면서도 실재하는 네트워크를 확장하고 거기에 이름을 붙이는 것이다. 그렇게 〈미지에서 온 소식〉과 같은 플랫폼이 도처에서 출현할 수 있을 것이다. 이는 디지털 시스템의 구축을 통해 여러 플랫폼을 연결하여 자유로이 접근하게 만들 수 있다는 뜻이다. 지식의 탐색을 강화하는 과정에서 사람들이 상호 연결되며 잠재력이 해방되고 논의의 범위가 확장될 것이다. 그 어떤 장소도 고립되어 존재할 수 없으며 사람들을 디지털로 또 물리적으로 연결하는 장들의 증식에 기여해야 한다.

〈미지에서 온 소식〉의 공동 창작 공간은 본래적, 전근대적 의미에서의 예술을 다시금 환기시킨다. 역사를 되돌아보면 인간 사회가 상상력을 발휘하지 못할 때 파열이 일어난다는 것에 주목하게 된다. 우

〈금박의 연금술〉 스틸, 2018, 단채널 비디오, 컬러, 사운드, 13분 38초.

136

리 모두는 애초부터 보이지 않는 방식으로 연결되어 있는 만큼, 서로의 창조력을 끌어올리고 거기에 가시적 형태를 부여할 필요가 있다. 모리스의 『미지에서 온 소식』의 마지막 구절, "그래 정말 그렇다! 내가 본 대로 다른 사람들도 볼 수 있다면, 그것은 하나의 꿈이라기보다 오히려 하나의 비전이라고 말할 수 있으리라."(1)는 문경원과 전준호가 기획한 동명의 프로젝트에도 그대로 적용된다. 그들의 플랫폼을 통해 보다 넓은 세상에 공유된 다양한 제안들의 공개와 교류와 그 결과로 돌아오는 피드백들은 그것을 필요로 하는 세상 어딘가에서 크나큰 영감으로 작용할 수도 있다. 문경원과 전준호와 그들의 시공간적 '사이'는 사람들이 서로의 생각을 더 깊이 탐색하고 서로에게 공감하고 가장 원시적인 종류의 기쁨을 발견하게끔 돕는 매개체다. 이러한 장의 형태 또한 거기 참여하는 사람들에 맞게 수정되고 업데이트될 것이다. ‹미지에서 온 소식›이 미술관의 장을 빌린다면, 여기 붙이기에 가장 알맞은 이름은 아마도 열린 포럼 스타일의 '실험실'일 것이다.

(1) 윌리엄 모리스, 『에코토피아 뉴스』, 박홍규 옮김(서울: 필맥, 2008년), 351—옮긴이.

프로젝트: 미지에서 온 소식—비전의 공유를 향해
히로미 구로사와

문경원과 전준호가 함께 이끄는 ‹미지에서 온 소식›은 다양한 분야와 협업하는 장소 특정적 프로젝트이자 플랫폼이다. 2012년 카셀 도쿠멘타 13에서 처음 모습을 드러냈고, 이후 미국 시카고 예술대학교 설리번 갤러리(2013), 스위스 미그로스 현대미술관(2015), 영국 테이트 리버풀(2018–2019)로 이어졌으며, 국립현대미술관 서울(2021), 일본 가나자와 21세기 현대미술관(2022)으로 계속된다. 이외에도 국립현대미술관 과천(공동의 진술, 2012), 베니스 비엔날레 한국관(축지법과 비행술, 2015), 스카이 더 배스하우스(자유의 마을, 2017)에서 독립된 프로젝트로 선보였으며, 눈 예술상(2012), 제1회 올해의 작가상(2012), 멀티튜드 미술상(2013) 등을 수상했다.

주요 단체전으로 제13회 광주비엔날레(2021), «한국 비디오 아트 7090: 시간 이미지 장치»(과천, 2019-2020), «DMZ»(서울, 2019), «사이언스 픽션»(Science Fiction, 필라델피아, 2019), «변용된 집»(Altering Home, 가나자와, 2018), «2050: 미래의 역사»(A Brief History of the Future, 타이중, 2018), «기억의 귀환»(The Return of Memory, 맨체스터, 2017), «색채들»(COLORI, 토리노, 2017), «뉴 로맨스»(New Romance, 시드니, 2016), 일렉트라 국제디지털아트비엔날레(몬트리올, 2016), «글로벌: 외(外)진화»(GLOBALE: Exo-Evolution, 카를스루에, 2015), 릴 3000(릴, 2015), 후쿠오카 아시아 미술 트리엔날레(후쿠오카, 2014), «미래는 지금이다»(The Future is Now, 로마, 2014), 싱가포르 아트 비엔날레(싱가포르, 2013), 홈 웍스 6(베이루트, 2013), 제9회 광주비엔날레(2012) 등이 있다.

문경원은 현재 이화여자대학교 서양화과 교수로 재직하며 서울에서 활동하고 있으며, 전준호는 부산과 서울을 오가며 작업한다.

www.moonandjeon.com

138

박주원(Joowon Park)

국립현대미술관 학예연구사. 역사학을 공부하고 에든버러 대학교에서 미술사 석사 학위를 취득했다. 2017년부터 서울을 기반으로 국립현대미술관 장기 프로그램 '아시아 포커스'를 담당하고 있다. 2018년 첫 리서치 프로젝트 《당신은 몰랐던 이야기》를 개최했으며, 2020년 《또 다른 가족을 찾아서》를 선보이며 리서치를 통해 동아시아와 동남아시아에서 작업하는 여러 작가들과 지역 커뮤니티를 위한 공공 플랫폼을 발전시키는 데 집중하고 있다. 이 장기 프로젝트의 핵심은 각기 다른 지역에서 활동하는 로컬 아티스트 그룹을 초대해 가까운 관계를 구축하고, 새로운 형태의 연대에 대한 상상을 펼쳐 보이는 데 있다. 《MMCA 현대차 시리즈 2021: 문경원 & 전준호—미지에서 온 소식, 자유의 마을》을 비롯해 최근 기획한 프로젝트로 《대안적 언어: 아스거 욘, 사회 운동가로서의 예술가》(2019), 《기울어진 풍경들》(Tilted Scenes: What Do You See?, 2019), 《당신은 몰랐던 이야기》(2018), 《예술이 자유가 될 때: 이집트 초현실주의자들(1938–1965)》(2017)이 있다. 『아트포럼』에 한국 동시대 미술계를 소개하는 글을 기고하고 있다.

메리 제인 제이컵(Mary Jane Jacob)

큐레이터, 저술가. 1990년대 획기적인 전시들을 통해 공공 담론과 공유된 실천으로서 공공 미술, 장소 특정적 미술, 사회 참여 미술을 옹호했다. 시카고 현대미술관 및 로스앤젤레스 현대미술관 수석 큐레이터를 지냈으며 몇몇 미국과 유럽 미술가들의 첫 번째 미국 전시를 개최했다. 『동시대 미술에서 부처의 마음』(Buddha Mind in Contemporary Art), 『배우는 마음』(Learning Mind: Experience into Art), 『시카고, 현대를 만들다』(Chicago Makes Modern), 시카고 사회 실천사 시리즈(Chicago Social Practice History Series) 등 창의적 실천가들이 관객 및 사회와 맺는 관계를 면밀히 살피는 책들을 공동 편집했다. 최근 저서로 시카고 대학 출판부에서 펴낸 『예술가를 위한 듀이』(Dewey for Artists)가 있다. 현재 런던 테이트 모던에

139

서 개최될 선구적인 폴란드 미술가 마그달레나 아바카노비치를 다룬 전시를 조직하고 있다. 시카고 예술대학교 교수이자 부설 기관인 큐레토리얼 리서치 및 실천 연구소 소장이다.

하이케 문더(Heike Munder)
뤼네부르크 로이파나 대학교에서 문화 연구를 전공했다. 1995년 뤼네부르크에서 할레 퓌어 쿤스트를 공동 설립해 2001년까지 공동 운영했으며, 2001년부터 미그로스 현대미술관 관장을 역임하고 있다. 코라크릿 아룬나논차이(2021), «미래 생산: 포스트사이버 페미니즘에 대한 전시»(Producing Futures: An Exhibition on Post-Cyber Feminisms, 2019), 스티븐 윌라츠(2019), 테레사 부르가(2018), 지미 더럼(2017), 리즈 메이거(2017), «수행된 저항»(Resistance Performed—Aesthetic Strategies under Repressive Regimes in Latin America, 2015), 문경원 & 전준호(2015), 도러시 이아논(2014), 제프리 파머(2013), 라그나르 캬르탄손(2012), 타티아나 트로우베(2009), «이제 행동할 때»(It's Time for Action: There's No Option, 2006), 마크 카미유 샤모비츠(2006), 오노 요코(2005), 마크 레키(2003) 등 수많은 전시를 기획했다.

타마르 헤머스(Tamar Hemmes)
테이트 리버풀 큐레이터. 2018년 테이트 리버풀에서 열린 «문경원과 전준호: 미지에서 온 소식»(Moon Kyungwon and Jeon Joonho: News from Nowhere)을 기획했다. 다른 대규모 전시로 «돈 매컬린», «키스 해링», «라이프 인 모션»(Life in Motion: Egon Schiele / Francesca Woodman) 등이 있다. 정기적으로 새로운 커미션 작업을 하는 미술가들—예컨대 ‹O.K.: 뮤지컬›(O.K.: The Musical)을 만든 크리스토퍼 클라인, 더욱 최근에는 ‹평지›(Flatland)의 작가 에밀리 스피드—과 함께 일한다. ‘마타프: 아랍 현대미술관’과 제9회 광주비엔날레 «라운드테이블»에서도 일한 바 있다.

140

필자 소개

히로미 구로사와(Hiromi Kurosawa)

가나자와 21세기 현대미술관 수석 큐레이터. 보스턴 대학교를 졸업하고 아트 타워 미토(ATM) 현대미술 갤러리와 소게츠 미술관을 거쳐, 가나자와 21세기 현대미술관 설립 팀에 합류한 후 건축 계획은 물론 커미션 작업, 소장품 구축 등에 참여했다. 2004년 미술관 개관 이후 올라푸르 엘리아손, 혼마 타카시, 서도호, 피오나 탄, 재닛 카디프와 조지 버즈 밀러, 마르크 만더르스, 미카엘 보레만스 등 세계적인 현대 미술가를 선보이는 수많은 전시를 기획했다. 또한 미술관 소장품을 선정하고 가나자와의 초등학교 및 중학교와 협력해 모든 연령대의 관람객을 위한 교육 프로그램을 기획, 조직해 왔다. 시티넷 아시아(서울, 2011), 오픈아트(외레브로, 2017), 동아시아 문화 도시(가나자와, 2018) 등을 기획했다.

필자 소개

전시 MMCA 현대차 시리즈 2021:
      문경원 & 전준호—미지에서 온 소식, 자유의 마을

      기간. 2021년 9월 3일–2022년 2월 20일
      장소. 국립현대미술관 서울, 5전시실, 서울박스
      주최. 국립현대미술관
           National Museum of
           Modern and Contemporary Art, Korea
      후원. HYUNDAI

      관장. 윤범모
      학예연구실장. 김준기
      현대미술1과장. 박미화
      학예연구관. 이추영

      전시기획. 박주원
      전시기획보조. 장소정
      공간디자인. 김소희
      그래픽디자인. 허은지
      전시운영. 이길재, 한지영
      전시조성. 윤해리
      홍보·마케팅. 이성희 윤승연, 박유리, 채지연, 김홍조,
      김민주, 이민지, 기성미, 신나래, 장라윤, 김보윤
      고객지원. 이은수, 추헌철, 주다란
      전시 후원 담당. (재)국립현대미술관문화재단

      그래픽디자인. 워크룸
      전시조성. 아워레이보
      사진. 이진철, CJY ART STUDIO(조준용)
      제작협조. 국가기록원, 강태크, 갤러리현대, 기흥종합금속,
      김태중, 더 아트, 디폴트, 비키드, 케이티 정, 송이화방,
      아워레이보, 아트워크, 알고리즘, 워크룸, 청

142

발행인. 윤범모   출판
편집인. 김준기
제작총괄. 박미화, 이추영

기획편집. 박주원
편집지원. 장소정

편집진행. 박활성
디자인. 워크룸
번역. 김현경, 리처드 해리스, 벤 잭슨, 유나영
사진. 이진철, CJY ART STUDIO(조준용)
인쇄·제책. 세걸음

초판 발행. 2021년 9월 27일
발행처. 국립현대미술관
03062 서울시 종로구 삼청로 30
02-3701-9500 / www.mmca.go.kr

ISBN 978-89-6303-282-5 93600
값 30,000원

본 도록은 «MMCA 현대차 시리즈 2021: 문경원 & 전준호—
미지에서 온 소식, 자유의 마을»(2021. 9. 3–2022. 2. 20)과
관련하여 발행되었습니다.